珍藏本
纪念版

汉译世界学术名著丛书

兵法简述

〔古罗马〕韦格蒂乌斯 著

袁坚 译

商务印书馆
SINCE 1897 The Commercial Press

2017年·北京

FLavii Vegetii Renati

EPITOME REI MILITARIS

本书根据原苏联科学院《古代史通报》1940年第一期发表的C.П.孔德拉季耶夫的俄译文稿,并参照1767年约翰·克拉克中尉的英译本译出

ПРИЛОЖЕНИЕ

SUPPLÉMENT

FLAVII VEGETII RENATI

EPITOME REI MILITARIS

ФЛАВИЙ ВЕГЕЦИЙ РЕНАТ

КРАТКОЕ ИЗЛОЖЕНИЕ

ВОЕННОГО ДЕЛА

作为附录发表于原苏联科学院《古代史通报》

1940 年第一期上的文前插页

A Military Classic

The Military Institutions of the Romans

Flavius Vegetius Renatus

Translated from the Latin by

LIEUTENANT JOHN CLARK

Edited by

BRIG. GEN. THOMAS R. PHILLIPS, U. S. A.

The Military Service Publishing Company

Harrisburg, Pennsylvania

约翰·克拉克中尉的英译本书名为《罗马兵制》，该书被列入由美国准将托马斯·菲利普斯主编的军事经典丛书。这是该书1952年版的扉页。

罗马战士，左上角为鹰帜。

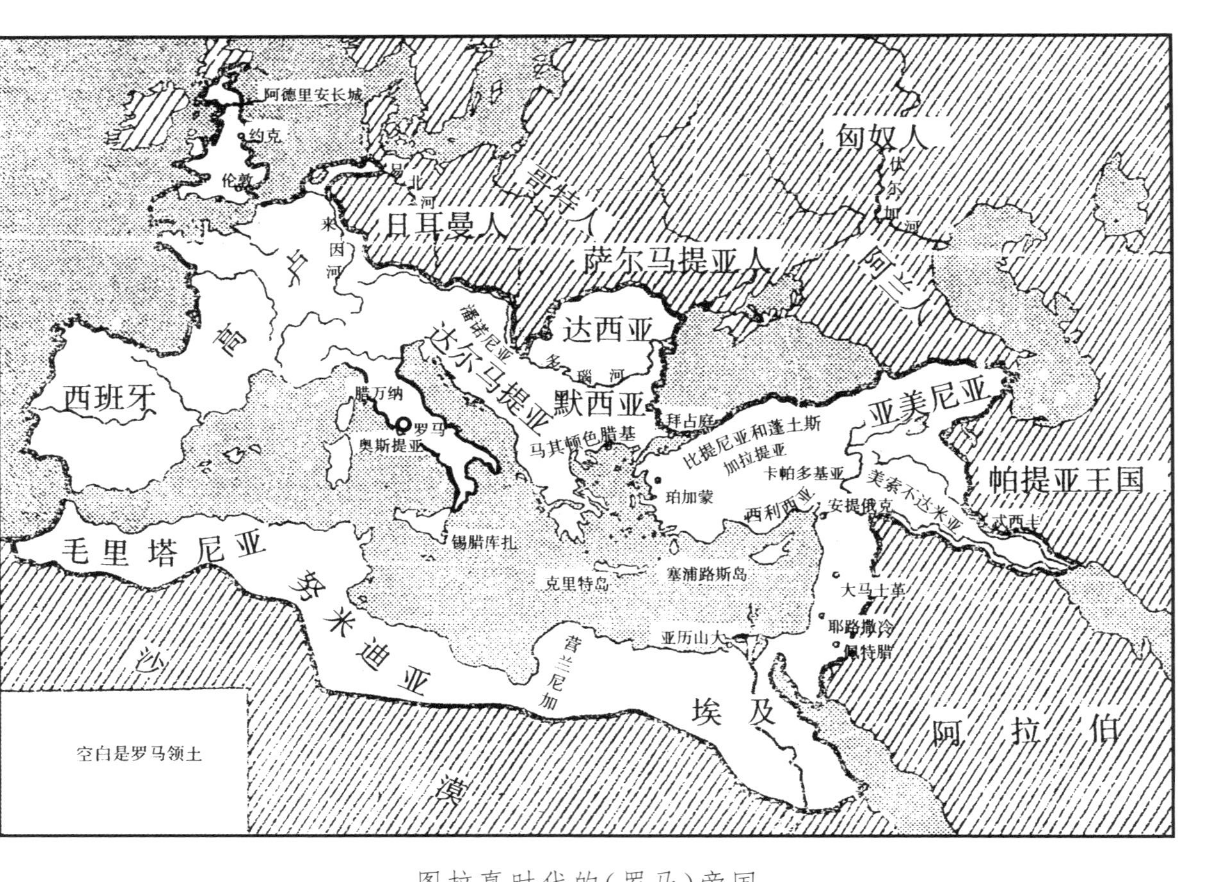

图拉真时代的（罗马）帝国

汉译世界学术名著丛书
(120年纪念版·珍藏本)
出版说明

2017年2月11日，商务印书馆迎来120岁的生日。120年前，商务印书馆前贤怀揣文化救国的理想，抱持"昌明教育，开启民智"的使命，立足本土，放眼寰宇，以出版为津梁，沟通中西，为中国、为世界提供最富智慧的思想文化成果。无论世事白云苍狗，潮流左右激荡，甚至战火硝烟弥漫，始终践行学术报国之志，无改初心。

迻译世界各国学术名著，即其一端。早在20世纪初年便出版《原富》《天演论》等影响至今的代表性著作，1950年代后更致力于外国哲学和社会科学经典的译介，及至1980年代，辑为"汉译世界学术名著丛书"，汇涓为流，蔚为大观。丛书自1981年开始出版，历时三十余年，迄今已推出七百种，是我国现代出版史上规模最大、最为重要的学术翻译工程。

丛书所选之书，立场观点不囿于一派，学科领域不限于一门，皆为文明开启以来，各时代、各国家、各民族的思想与文化精粹，代表着人类已经到达过的精神境界。丛书系统译介世界学术经典，引领时代思想，为本土原创学术的发展提供丰富的文化滋养，为推动中国现代学术和现代化进程做出了突出的贡献。

为纪念商务印书馆成立120周年，我们整体推出“汉译世界学术名著丛书”120年纪念版的珍藏本，寄望既利于文化积累，又便于研读查考，同时向长期支持丛书出版的译者、编者和读者致以敬意。

两甲子后的今天，商务印书馆又站在了一个新的历史时间节点上。我们不仅要铭记先辈的身影和足迹，更须让我们的步伐充满新的时代精神。这是商务人代代相传的事业，更是与国家和民族的命运始终紧密相连的事业。我们责无旁贷，必须做好我们这代人的传承与创造，让我们的努力和成果不仅凝聚成民族文化的记忆，还能成为后来人可以接续的事业。唯此，才能不负前贤，无愧来者。

商务印书馆编辑部

2017年10月

中译本序

韦格蒂乌斯的《兵法简述》是备受西方学术界推崇的一部古罗马时期的军事著作。

一

所谓古罗马时期，是指从公元前753年王政时代第一王罗慕路斯建城立国，到公元476年西罗马帝国覆亡为止的一段史期。这漫长的千年史按学界传统可分划为王政、共和、帝国三个时代。

王政时代绵延近250年，历经七个王。它相当于希腊的"荷马时代"，即军事民主制时代。相传，早期的罗马公社包括三个特里布斯（部落）：拉丁人部落、萨宾人部落和伊特鲁里亚人部落。每个部落由十个库里亚（胞族）组成。公社的最高权力机构是库里亚大会，即公民大会。王由库里亚大会选举产生，虽为终身职位，但非世袭。

公元前6世纪，第六王塞尔维乌斯·图利乌斯厉行改革，使原来按血缘关系划分的三个部落失去存在的意义，代之而起的是一个新型的、以地域划分和财产差别为基础的国家制度。这便是罗马奴隶制城邦国家产生的标志。

王政时代第七王塔克文（高傲者）暴虐无道，公元前509年罗马人愤而逐之，并于同年建立起由贵族掌权的共和国。一般便以该年为共和时代之始。

共和时代历时 479 年。这一段近五个世纪的历史自始至终战事频仍，争斗不已。

早期，曾有过三次维爱战争、三次萨谟奈战争，以及拉丁战争、皮洛士战争等统一意大利的战争。

中期，又发生过三次布匿战争、三次马其顿战争，以及叙利亚战争等向外扩张的战争。

后期，公元前 2 世纪 30 年代到公元前 1 世纪 30 年代，史称内战时代；马略任执政官后结束了旷日持久的朱古达战争；公元前 90 年意大利人为争取公民权举行起义，史称同盟者战争；当这场战争正酣之际，本都国王米特拉达悌六世乘机进军亚细亚行省和希腊，掀起民族解放战争；苏拉在击败米特拉达悌后回师意大利，经血战占领罗马。公元前 73～前 71 年斯巴达克领导的奴隶起义震撼了整个意大利。苏拉死后，庞培、克拉苏、凯撒秘密结盟，史称前三头政治。高卢战争使凯撒势力大增；克拉苏急于事功，公元前 53 年死于安息之战。庞培同元老院联合反对凯撒，凯撒却突然渡过鲁比孔河直趋罗马；翌年，法萨卢斯一役使庞培全军覆灭。凯撒被宣布为终身独裁官，集大权于一身，但忽于公元前 44 年 3 月 15 日遇刺身亡。其后，安东尼、李必达、屋大维公开结盟，史称后三头政治。他们于公元前 42 年打败刺杀凯撒的主谋布鲁图和卡西乌斯的军队，划分了势力范围。但屋大维先于公元前 36 年剥夺李必达的职位，后于公元前 31 年在亚克兴角海战中击败安东尼。公元前 27 年元老院授予屋大维“奥古斯都”的尊号，确立了他个人的专

制统治，共和国宣告覆亡。从此，罗马进入奴隶制的帝国时代。

屋大维·奥古斯都的长期统治，在帝国全境造成了一个相对稳定的政治局面，开创了延续百余年的所谓“罗马和平”时期，为1至2世纪奴隶占有制在广大地区的进一步发展奠定了基础。在罗马帝国极盛时期，经济繁荣，工商业发达，国际经济文化交流频繁。当时，帝国的疆域东起美索不达米亚，西到不列颠，北迄多瑙河、喀尔巴阡山脉和黑海北岸，南达北非撒哈拉沙漠和埃及等地。地中海成了帝国内湖。但这种好景不长，潜伏的矛盾和争斗日益发展，从公元3世纪起罗马奴隶制社会已处于全面危机之中，到4世纪末帝国正式分裂为东西两部分。西半部连年战乱，统治日趋薄弱；接连不断的内部起义和外族入侵，形成冲击帝国根基的两股巨大洪流。公元476年西罗马帝国最后一位皇帝罗慕路斯·奥古斯图斯被奥多维克废黜；这个日耳曼雇佣军将领自称为王，西罗马帝国遂告覆亡。[①] 地中海地区和欧洲各国开始进入中世纪，向封建社会过渡，所谓的古罗马时期至此亦即终结了。韦格蒂乌斯就是在这种时代背景和历史条件下，依据史料论述了古代希腊和罗马的军事学术理论，论述了军队配备、编制和训练的问题，进行战争和战斗的重要法则，战斗队形，冲击和防御要塞的方法，进行海战的原则和攻城等技术。他的这部著作像军事教令一样言简意赅，是一部记叙古罗马兵法的名著。

① 东罗马（拜占庭）帝国由于历史情况不同，未与西罗马帝国一起覆亡。经过奴隶起义、农民起义和外族入侵的过程，逐渐转入封建社会。后至1453年为奥斯曼帝国所灭。

二

关于本书作者的生平我们知道得很少；只知他的全名叫弗拉维乌斯·韦格蒂乌斯·雷纳图斯，古罗马帝国时代后期的一位军事著作家。种类繁多的百科全书上即使设有韦格蒂乌斯的条目，也没有见到哪位撰稿人写出过他的生卒年月，只说其活动时期大致在公元四世纪下半叶或者四世纪末五世纪初。我们也无法断定他的这部著作的确切的写作时间。

我这次汉译他的这部兵法，主要依据原苏联科学院《古代史通报》1940 年第一期发表的孔德拉季耶夫的俄译文稿，同时参照了约翰·克拉克中尉的英译本。美国有一位将军叫托马斯·菲利普斯的，主编过一套军事经典丛书，一共收入 9 部军事名著，克拉克中尉英译的这部韦氏的《兵法简述》[①]列于其中。

约翰·克拉克中尉的英译本(1767 年在伦敦出版)上有此书献给瓦伦丁尼安皇帝的文字，但不知是哪一位瓦伦丁尼安。托马斯·菲利普斯在为此书撰写的英译本序言里称，这位皇帝……据信是瓦伦丁尼安二世。英国第一位印刷商卡克斯顿于 1489 年出版的由法语转译的另一种英译本，也说是献给瓦伦丁尼安二世的。但俄译者孔德拉季耶夫不以为然，他在俄译文稿题注中明确指出，作者并未点出此书呈献给哪位皇帝的名字，并说多数学者以为是献给狄奥多西一世的，也有人以为是献给瓦伦丁尼安三世或狄奥

① 克拉克中尉英译的这部韦氏兵法的书名是《罗马兵制》。

多西二世的。

我觉得献给哪位皇帝并不重要，读者可以从本书卷一的导言中看出作者对这种做法的态度，那不过是走一种形式罢了。不过我们倒可以由此推断出这部著作的大致的成书年代。

作者在书中提到名字的皇帝有四五位，最晚的一位是格拉提安。他是瓦伦丁尼安一世的儿子，八岁(公元 367 年)被立为皇位继承人。375 年父亲死后便与叔父瓦伦斯同朝共治东西罗马。同年，军队拥立他的弟弟，四岁的瓦伦丁尼安二世为奥古斯都，但并未得到他和他叔父的认可。378 年瓦伦斯在阿德里安堡战役中阵亡。格拉提安任命他的同父异母兄长狄奥多西为东部皇帝。383 年不列颠军队拥立马克西穆斯为帝，格拉提安出兵讨伐，战败身亡。

由此可以认为，这部著作的写作时间至少不会早于公元 383 年。

387 年马克西穆斯兴兵进占意大利，瓦伦丁尼安二世与母后逃往塞萨洛尼基避难。次年，狄奥多西一世率军抵达巴尔干，大败敌军，马克西穆斯投降。瓦伦丁尼安二世重返西部，恢复统治。四年之后，公元 392 年死于维也纳宫中，时年 21 岁。

同年，罗马人尤吉尼厄斯被拥立为西部皇帝。394 年 5 月狄奥多西一世由君士坦丁堡出征。尤吉尼厄斯的军队被击败，本人遭杀。狄奥多西一世也在这次征战中病死于米兰，那是公元 395 年的 1 月 17 日。

大体说来，这就是韦格蒂乌斯活动时期的背景状况。

尽管离开西罗马帝国的覆亡还有着半个多世纪的岁月，但那时节外患四起，内乱不已，统治集团内部争权夺利的倾轧十分剧烈，社会衰退的迹象随处可见，帝国没落之势已不可逆转。在这样的时代背景下，文人志士“劝勉当朝天子效法前代贤君”，改革弊政，争取大治，这在古今中外都是不乏其例的。一部《兵法简述》之中，作者的这种忧国忧民之心，怀古追思之情几乎贯穿始终。

有一点值得指出，大凡在这种背景下撰就的著作一般不大可能受到当朝政要的真正重视。韦氏的《兵法简述》的遭遇也不例外。他“为时已晚地呼吁恢复古代罗马的精神，但是没有人理睬他”[①]，社会的疮痍已是积重难返，无法弥合了。

不过，中世纪以后，随着重装骑兵的衰落和步兵的再度兴起，他的这部著作引起了军事界的广泛重视。作者本人后来被誉为西方“古典世界最伟大的军事理论家”[②]。《苏联军事百科全书》在介绍古罗马的军事学术著作时提及了三个人的四部著作，条目撰稿人西多罗夫认为，凯撒的《高卢战记》和《内战记》是总结奴隶制古罗马军事经验的初次尝试。他在这两部书中阐述了他对实施战争和战斗的基本方法的观点，而奴隶制古罗马的军事学术在韦格蒂乌斯的《兵法简述》和伪莫里修斯的《战术和战略》中得到了最完整的总结[③]。美国人 J. W. 汤普森在他的《历史著作史》一书中也说，“在这类著作中，这是古代留给我们的最重要的一部，是中世纪统

---

① 小戴维·佐克、罗宾·海厄姆:《简明战争史》，商务印书馆 1982 年 6 月版，第 28 页。

② 小戴维·佐克、罗宾·海厄姆:《简明战争史》，商务印书馆 1982 年 6 月版，第 28 页。

③ 参见《苏联军事百科全书》第 6 卷，中国人民解放军战士出版社，1983 年 9 月版，第 341 页。

治者所喜爱的书籍，也是文艺复兴之前唯一一部专门讨论军事问题的力作”。[①]

三

孔德拉季耶夫在俄译文稿的题注中说，这部著作的版本遗留下来的不少，尤其是12至13世纪的。托马斯·菲利普斯更具体地指出，该书现存的10至15世纪的手抄本计达150部之多，而且被译成多种文字，仅19至20世纪在德国便不下40余种。两位编译者在译序和题注中还介绍了若干具体译本，如德译本、意大利译本的译者、出版地和出版年月等资料。俄译本除孔氏的 Краткое изложение военного дела(1940)之外，还有谢尔盖·格拉博夫早在1764年从法语译出的圣彼得堡版本，俄译书名是 Военные правила Вегеция(《韦格蒂乌斯兵法》)。

据有关资料称，此书共分五卷。各卷的内容分别是：卷一，募选和训练；卷二，罗马军团的组织和武职人员的称谓和职责；卷三，战略战术；卷四，筑城和攻防；卷五，水师。

孔德拉季耶夫的俄译文稿是四卷，计125节(卷一28节；卷二25节，卷三26节，卷四46节)。

我们所见到的克拉克中尉的英译本仅三卷，目录列59节(卷一15节，卷二15节，卷三29节)，实际上书内分69节(卷一19节，卷二18节，卷三32节)。托马斯·菲利普斯在这个英译本序

① J. W. 汤普森：《历史著作史》，商务印书馆1988年版，上卷第一分册，第138页。

言中写道:“卷四和卷五都很简短,内容涉及设防地的攻防和海上作战问题。对此有兴趣者恐只限于军事古籍研究人员,因而没有收入。”俄译文稿卷四的46节中,前30节叙述筑城和攻防问题;后16节谈水师问题,实际上就是原书卷五的内容。这次我之所以选定俄译文稿为主要依据进行汉译,就是因为俄译文稿相对来说比较完整。汉译本恢复原作五卷的框架结构,将俄译文稿卷四的第一至第三十节为卷四;从第三十一节起至第四十六节另编序号,共16节,作为本书的卷五。其中第三十一节的前半部分改为卷五的导言,卷五正文从第三十一节之后半部分起始,序号为卷五之第一节,以下类推。这是我根据俄译文稿作的调整,一旦能够找到拉丁原文版本,而又与这一设置不符,当以原版为准再行订正。

四

有朋友建议我把翻译本书的经过写一写,说这样的记载也算是一种史吧。

将这部兵法翻译成中文的想法,在我几乎是同决定要汉译另一部古罗马的军事名著《谋略》同时滋生的。那差不多已是十年前的事了。1986年,我在北京图书馆无意中发现了洛布丛书拉英文对照本的The Stratagems(《谋略》)之后,立即下意识地在卡片厅里查找韦格蒂乌斯的这本De re Militari。我是多么地企盼有“一箭双雕”之功呀。可惜无论是西文卡柜还是俄文卡柜,作者卡柜还是书名卡柜里都没有此书的卡片。之后,我又去过中央编译局图书馆,那里的外文藏书相当丰富:当年在准备翻译若米尼的《兵法概论》(曾用名《战争艺术概论》)时,俄文版本就是在那儿找到的。可这次不如意,这书无论哪种文字的版本编译局图书馆里都没有。《谋略》一书的俄译文稿是从中科院图书馆藏的原苏联科学院《古代史通报》上复制下来的。据《苏联军事百科全书》韦格蒂乌斯条目载,俄译文的 Epitome rei militaris 也刊载于《古代史通报》,是在 1940 年的第一期上。我托人去中科院图书馆找过,自己也专门去过,但都没有找到,也没有发现此书其他文种的版本。我的老朋友蔡兴文同志是北京图书馆俄编室的高级馆员,他夫人李黛女士是专门管报刊的。我托他们留意此事。是他们帮我找到了刊有此书俄译文稿的那期《古代史通报》。说来,这也已是十年前的事了。1994 年,我看到军事科学院战略部刘庆同志主编的《外国重要军事著作导读》一书,其中有介绍韦格蒂乌斯的《论军事》的文章,我打电话问他材料来源,他告诉我军事科学院图书馆里就有这部著作的英译本,他手头还留着一份复制件。放下电话,他就将复制件送到我家里。真是踏破铁鞋无觅处,得来全不费工夫。后来,军事科学院运筹所肖宁同志又帮我借来了原书。

1989 年,《谋略》一书交稿之后不久便投入了汉译本书的准备工作。那时还没有见到英译本,只是翻看俄译文稿,做些资料卡片,到北图、大百科出版社、军科百科部资料室等单位去搜罗与本书有关的资料,粗译了俄译文稿的题注以及它所提供的全书各卷的内容提要,也曾忙里偷闲地试翻过几段正文。当时我没有同任何出版社打招呼,更谈不上签合同之类的手续,一则是没有这个习惯,再则也实在无法断定完稿的时间。因为那时我还在职,有本单位和外单位的许多任务要完成,一度甚至不得不中断了这项业余爱好。1994年底我就退休了，也就有条件完全投入到这项工作中去。翻译此书的工作好像起步很早，实际上主要还是1994、1995两年做的。1996年上半年集中解决注释、索引和撰写中译本序言等工作。

这里还有几件事值得提及。第一，关于本书的插图。俄译文稿是没有插图的。现在本书所用插图44幅，加上书前的3幅，共47幅大多取自英译本，只有5幅是从其他地方搜集来的；这5幅图的选取、构制、配置等工作都由肖宁所做。第二，肖宁同志还参与了翻译英译本译序的工作，这篇英译本译序经我早年的同窗，新华社参编部译审王季良同志校订。第三，1995年下半年起，我常住江南古城苏州城内。住处紧靠苏州大学。这里环境优雅，文化氛围浓郁。一年来受到苏大外语学院领导和多位同志以及校图书馆领导和工作人员的许多照顾，有一段时间我几乎每天都埋头在外院资料室和校图书馆的几个阅览室里。第四，我在翻译、作注、作序过程中曾参阅过的主要图书资料有：

《中国大百科全书·军事》，中国大百科全书出版社，北京·上海，1989. 6。

《中国大百科全书·外国历史》，中国大百科全书出版社，北京·上海，1990. 1。

《中国大百科全书·外国文学》，中国大百科全书出版社，北京·上海，1982. 9。

《简明不列颠百科全书》，中国大百科全书出版社，北京·上海，1985. 6～1986. 8。

《苏联百科词典》，中国大百科全书出版社，北京·上海，1986。

《苏联军事百科全书》，战士出版社，北京，1981.12～1984.4。

《军事百科词典》，群众出版社，1985 年。

《世界历史词典》，上海辞书出版社，1986 年。

《世界地名词典》，上海辞书出版社，1981 年。

Болъшая советская Энциклопедия（третъе издание），Москва，издателъство《Советская знциклопедия》1945 г.

Ф. А. Брокгауз，И. А. Ефрон：Энциклопедический Словаръ，1890 г.，Репринтное воспроизведенное издание，《Терра》—《Terra》，1990 г.

The New Encyclopædia Britannica，15th edition，Chicago，1990.

Collier's Encycolopedia，Macmillan Educational Corporation，New York P. F. collier，Inc. London and New York，1979.

Encyclopedia Americana（international edition）Copyright © 1980 by Americana Corporation.

《泰晤士世界历史地图集》，中文版，生活·读书·新知三联书店，1982. 4。

〔英〕爱德华·吉本著，黄宜思、黄雨石译：《罗马帝国衰亡史》（D. M. 洛节编本），商务印书馆，1997 年，北京。

〔英〕赫·乔·韦尔斯著，吴文藻等译：《世界史纲（生物和人类的简明史）》，人民出版社，1982. 10。

〔古罗马〕塔西陀著，王以铸、崔妙因译：《编年史》、《历史》，商务印书馆，1983、1985 年，北京。

〔古罗马〕阿庇安著，谢德风译：《罗马史》，商务印书馆，1963 年，北京。

〔苏〕科瓦廖夫著,王以铸译:《古代罗马史》,生活·读书·新知三联书店,1957年,北京。

〔法〕孟德斯鸠著,婉玲译:《罗马盛衰原因论》,商务印书馆,1962年。

〔日〕占部百太郎著,陈时夏等译:《罗马史》,商务印书馆,光绪二十九年八月。

李雅书、杨共乐著:《古代罗马史》,北京师范大学出版社,1994年11月,等等。

现在,这部译稿终于完成了。在汉译本书的过程中得到了许多朋友的帮助,我向他们表示深切的谢意;我还要向我曾使用过的那些图书的作者、译者、条目撰稿人表示感谢。对于本书的错误和不妥之处,请广大读者给予指正。

袁　坚

一九九六年十月于北京

目　　录

俄译文稿题注

我们既不知道韦格蒂乌斯的生卒年月，也不详其这部著作的成书时间；就连他的名字也定得未必完全准确。我们想要解决这些问题，可是手头只掌握一些零星的二三手材料。

韦格蒂乌斯，一位普通的著作家，为了适应时代的要求，出于爱国主义的感情和对罗马帝国崩塌的忧心，提笔对古时罗马人的武事经略作了一番简述。他并非战将，也不是史家，写这部著作不以年表为准，涉及范围仅限于武事，对那个时代的社会问题并不在意。

韦格蒂乌斯并未点出将此书呈献给那位皇帝的名字。① 大多数学者认为此书是献给狄奥多西一世的，也有人认为是献给瓦伦丁尼安三世(425～455)或狄奥多西二世(408～450)的。

韦洛蒂乌斯的这部著作首先被译成希腊文，不仅在西方，而且在东方也受到广泛重视。他本人因此而获得 Virillustris comes(卓越的男子汉)的崇高称号，在他的手稿末尾就常常用这个称号署名。此书出版的大致年代为公元 390～410 年之间。

韦格蒂乌斯的著作的抄本传留下来的不少，尤其是公元 12 至

① 约翰·克拉克中尉的英译本标明此书是献给瓦伦丁尼安皇帝的。*

* 注释是译者所加，全书同。

13世纪的抄本。这说明在中世纪人们对他的著作抱有极大的兴致。一年前[①]，在梵蒂冈抄本收藏馆中又发现了9世纪时的韦格蒂乌斯著作的抄本，这是迄今我们所掌握的最早的抄本，而从摩尔根的珍藏中找到的这位作者的抄本是12世纪的，那是一部画有作者所记叙的兵器彩色图样的拜占庭抄本。

介绍和评论韦格蒂乌斯的文字不多见。泽克于1876年发表在《Hermes》杂志上的文章可算一种。谈论韦格蒂乌斯较多的是吉本。多尔扬的《韦格蒂乌斯论罗马军队的衰败》可以认为是最新的一篇（文载《Class Journal》，1934年）。

我们知道还有两种德译本：迈耐克译，1800年，哈雷；利波夫斯基译，1827年，萨尔茨堡。

还有一种最新的意大利文译本，马焦罗蒂译，《Vegetius dell' arte militare》（《韦格蒂乌斯兵法》，1936年）。这个本子是根据收入泰伯罗罗马希腊著作家丛书中的Car Lang'a的第二版（1885年）译出的。

文中方括号[　　]表示非原作者的语句；尖括号〈　　〉表示据文意嵌入的补足语词；圆括号（　　）系一般性诠释。

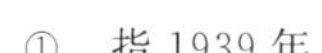

① 指1939年。

俄译文稿所列本书提要

卷一　一般说来，战争的胜利并不完全取决于人多势众，或者说作战勇猛；只有武艺精湛，训练有素，熟谙兵法才能确保胜利。

1. 罗马人之所以能战胜众多的民族，唯一的依靠是加强操练使用武器的本领。
2. 应该从哪些地方招募新兵。
3. 哪里来的新兵更有用，是城市兵还是农村兵。
4. 新兵的身高几许最相宜。
5. 新兵的年龄多大最合适。
6. 募兵时应根据脸部表情和体态判定哪些新兵可能造就成优秀战士。
7. 要断定从事哪些手艺的人宜于入选新兵，哪些则应予否弃。
8. 新兵何时才能注册入伍。
9. 应当教练新兵走步、跑步和跳跃。
10. 应当让新兵习练游泳。
11. 古人怎样训练新兵操持树条盾和粗木棍。
12. 要教会新兵刺杀，而不是劈砍。
13. 要传授新兵战法。

14. 要让新兵习练投矛。

15. 新兵应苦练射箭术。

16. 应当训练新兵使用投石带投石。

17. 习练投掷铅球术。

18. 怎样教会新兵骑术。

19. 要教会新兵负重。

20. 古人使用的兵器。

21. 构筑营地。

22. 择地下营。

23. 营地丈量。

24. 如何构造营地。

25. 敌人攻击时怎样加固营地。

26. 教会新兵在队列中如何保持行列和间距。

27. 在演练进退时他们应穿越多大的空间,每月应实施多少次拉练。

[28. 激励新兵学习兵法,培植他们具有罗马人的勇敢精神。]

卷二

引言

1. 兵种。

2. 军团和辅助部队的区别。

3. 军团衰落的缘由。

4. 古人率几多军团作战。

5. 军团的编制。

6. 一个军团领几许大队，一个大队配多少军士。
7. 下级指挥人员的称谓和官阶。
8. 古时统领部曲者的称谓。
9. 军团长的职责。
10. 营舍长职责。
11. 工匠长职责。
12. 军事保民官职责。
13. 百人队和步兵队伍。
14. 军团领属的骑兵队伍。
15. 军团如何布阵。
16. 后备兵或百人队长的装备。
17. 交战开始，重装兵应似一堵铜墙，巍然屹立。
[18. 在盾的周边应标明执持者的名字和番号。]
19. 新兵在注册入伍时除应登记体力状况外，尚需记载其阅读和计算的能力。
20. 军士应将皇帝赐予的钱数之一半为自己存放在军队的储蓄所里。
21. 在军团里，必须在各大队均服役过的人才能得到升迁的机会。
22. 号手、司号兵和号角手的区别。
23. 军士之操练。
24. 必须从其他技艺中广泛移植训练方法的实例。
25. 军团兵器和装备一览。

卷三

导言

1. 军队的规模应多大。

2. 如何监察部队的医务状况。

3. 关注粮秣的准备事宜。

4. 应采取何等防范措施遏制部队内部发生骚乱。

5. 诸种军用信号。

6. 部队在敌人眼前转移时应采取怎样的预防措施。

7. 如何涉渡大江大河。

8. 如何构筑营地。

9. 决断是否需要以突击、偷袭和设伏实施战斗抑或直接投入交战时应注意的事项。

10. 部队若由尚未适应作战的军士或新兵所组成,应注意什么。

11. 会战当天应关注什么。

12. 必须把握准备投入交战的军士的情绪。

13. 如何选择交战有利地形。

14. 为在接战时部队能立于不败之地,应如何配置作战线。

15. 军士在队列中相互间应保持多大的距离,在纵深各列之间又该保持多大的间隔,丈量的规则。

16. 骑兵的部署。

17. 布于阵后的预备队。

18. 第一统帅的位置,第二、第三统帅的位置。

19. 在兵阵中应采取哪些方法对付敌人的顽强或狡诈。

20. 进行公开交战的方法有多少;人数较少、实力较弱的军队怎样才能取胜。

21. 应该给敌人留下一条退路,以更易于消灭溃逃者。

22. 假如决定不开启战事,如何在敌军眼前撤走部队。

23. 关于骆驼和护装齐备的骑兵。

24. 在兵阵中如何同战车或大象较量。

25. 假如全军或部分军队溃逃,如何处置。

[26. 战争实施概则。]

卷四

导言

1. 城池应有天然或人工屏障设防。

2. 城垣的构筑不应呈直线,而需加建敌台。

3. 怎样将城垣同土堤连接起来。

4. 防止城门着火的吊栅和其他防范措施。

5. 挖壕。

6. 如何使城垣上的守卒免遭敌箭伤害。

7. 怎样事先防备被围者挨饿。

8. 如何准备守卫城垣。

9. 假如兵器短缺拉绳,如何处置。

10. 保证被围者不致缺水的措施。

11. 如果缺盐,如何处置。

12. 假如敌人初次攻击即突入城垣,如何处置。

13. 攻城机械种种。

14. 攻城槌、镰钩篙、龟背车。

15. 有顶篷的通道车、栅栏车和土堤。

16. 舟鰤车。

17. 活动碉楼。

18. 如何烧毁活动碉楼。

19. 怎样加高城垣。

20. 挖空地底,使敌机械无以生害。

21. 梯子、云梯、斜桥和杠杆。

22. 固守城垣的弩炮、蝎子弩、弩弓、棒投器、投石带和其他投掷器材。

23. 褥垫、绳圈、"狼嘴"、笨重的柱脚都可用以对付攻城槌。

24. 关于通向城垣边或敌潜入城内所用的暗道。

25. 假如敌人突入城里,市民该如何行动。

26. 为避免敌人秘密占领城垣,需采取哪些预防措施。

27. 如何部署对付被围困市民的伏击。

28. 攻城部队为避免遭市民伏击应做些什么。

29. 哪些投掷器材可卫护城池。

30. 如何确定攻城梯或攻城碉楼的高度。

卷五

导言

1. 海战规则。

2. 水师头领职务名称。

3. "利布尔纳"一词之由来。

4. 建造利布尔纳必须十分精细。

5. 砍伐林木时应恪守的规则。

6. 砍伐木材的月份。

7. 利布尔纳的规模。

8. 风的种类和名称。

9. 哪些月份出海航行最平稳。

10. 如何观察暴风雨的征兆。

11. 天气预测。

12. 海浪(涨潮和落潮)。

13. 熟悉地形,桨手。

14. 舰船上的武器和投掷器材。

15. 海战中的伏击。

16. 正面接战的海上作战。

英译本译序

上自古罗马时期，下迄19世纪，韦格蒂乌斯的《兵法简述》在西方世界是影响最大的一部军事专著。这部著作对我军[①]的训练和编成传统的影响处处都明显可见。

奥地利陆军元帅利纳亲王（1735～1814）直至1770年还称此籍为金光闪闪的大作。他写道：“韦格蒂乌斯声称，是神指引着罗马军团，但我认为，是神使韦格蒂乌斯写成这部著作。”狮心王理查德，像他的父亲英格兰国王亨利二世（1133～1189）一样，在征战中随时随地都将这部《兵法简述》带在身边。公元1000年前后，韦格蒂乌斯是最受黑霸福尔克韦斯，那位才具出众而又凶猛无比的安茹伯爵（1092～1143）所推崇的著作家。查理曼大帝时期，韦格蒂乌斯数量众多的手稿抄本广泛流传，其中的一本被认为是大帝手下指挥官们的必备读物。在正义之帝路德维希时期，大约公元837年左右，埃弗拉·德·弗莱尤斯伯爵的遗嘱中列举的书籍里就有韦格蒂乌斯著作的手抄本。

在圣哥达击败土耳其军队的胜利者蒙塔库科利（著名的意奥联军司令，1609～1680），在其《回忆录》中写道：“然而，有些人却相当狂妄，刚刚懂得怎样驾驭马匹，怎样在一场比武中执矛冲

① 指美军。

刺，或者刚刚读了一遍韦格蒂乌斯的训律，便自认为是伟大的指挥官了。”由此可见，一千年来韦格蒂乌斯享有着何等样的殊荣。

现存的10世纪至15世纪的《兵法简述》的手抄本计达150部之多。在印刷术发明之前此书已被译成英、法、保加利亚等多种文字。1473年在乌得勒支首次出了印刷本，随即在科隆、巴黎和罗马又相继出了新版本。首次刊行的英文版是由卡克斯顿（英国第一位印刷商，1422～1491）于1489年据英文手抄本印制的。

弗拉维乌斯·韦格蒂乌斯·雷纳图斯，罗马人，出身名门。在某些手抄本中，他被冠以（杜撰的）伯爵头衔。伏尔泰拉的拉法埃尔称他为君士坦丁堡伯爵。有关他的生平人们知之甚少。从他的著作可以明显看出，他并没有军人的广泛的实践经验。他非常坦率地说，他的意图是收集古代的（兵法）手稿和条令，加以综合，从中理出使古罗马成为伟大帝国的军事惯例和智慧。据他说，他的主要的原始材料是老加图、科尔内柳斯·塞尔苏斯、帕泰恩、弗龙蒂努斯等人的著述，此外还有奥古斯都、图拉真和哈德良所颁布的法规和条例。（当然，韦格蒂乌斯撰写这部著作是在凯撒统率罗马军队连连获胜很久以后的事。他竟不曾提及凯撒，没有提及凯撒的将才和战术，个中原委不得而知。）

他的忠告未受重视

此书是献给瓦伦丁尼安皇帝的，这位皇帝显然不是瓦伦丁尼安一世，因为书中有他的继任人格拉提安的名字。据信他是瓦伦丁尼安二世（371～392）。在瓦伦丁尼安二世和瓦伦丁尼安三世统治年间，罗马曾被哥特国王阿拉里克攻陷并遭焚烧。假如此事发生在本书写成之前，书中无疑会提及。韦格蒂乌斯提到罗马军队败在哥特人手下，他所指的很可能是阿德里安堡会战（378年），在那次会战中瓦伦丁尼安一世的同僚[1]瓦伦斯战死。

《兵法简述》是为罗马人编写的，本应成为无数代欧洲军人的军事经典，但罗马人却几乎没有用它，这岂非怪事。那时，罗马军队的腐败已达到十分严重的程度，以致韦格蒂乌斯提出复兴古人严于练兵勇于作战的优秀品德的呼吁也无济于事。同时，韦格蒂乌斯恢复古时军团编成的希望是不切实际的。骑兵已采用步兵的盔甲，并正开始成为军队的主要兵种。先前曾是军团主力的重装步兵成为自身的重负和相对的缺乏机动能力的牺牲品；而轻装步兵则无力抵挡骑兵的冲击而越来越多地转而使用投掷兵器。后来十字弩和黑色炸药使骑兵的冲击力黯然失色，这一历史的奇妙变迁使韦格蒂乌斯的战术重又像在他从中受到鼓舞的过去时代那样，成为军队的理想的战法。

若米尼在《兵法概论》（曾用名《战争艺术概论》）中指出："娇生惯养就是罗马军团衰亡的主要原因。在西庇阿时代，罗马军团的士兵在非洲酷暑烈日之下作战时，都不觉穿戴甲胄疲劳，所

---

① 原文为colleague，实际上瓦伦斯是瓦伦丁尼安一世之弟，两人曾共治过罗马，瓦伦斯统治东部，瓦伦丁尼安一世自己驻守西部。

以令人望而生畏。可是后来到日耳曼和高卢在凉爽宜人的天气之下作战，却又忽然觉得甲胄太重了，于是罗马帝国的末日也就来临了。”①

本书符合他的写作意图

奥曼在他的《兵法史》一书中指出，韦格蒂乌斯“如果不是说事情应该怎样怎样，而是照实叙述过去的情形的话……那他的这部著作对我们来说价值会大得多……因此，我们始终认为，他所叙述的是理想的东西，而不是实际的情况……”

尽管如此，这位罗马人所写的东西倒确实是符合驱使他动笔撰写此书的意图的，那就是至少想促使进行军事改革，以恢复和保证罗马军队的效能和威力，使其达到公元 378 年东部皇帝瓦伦斯在阿德里安堡惨败于哥特人以前一直保持的高水平。尽管韦格蒂乌斯的说教一般说来无甚效果，但是他的意向是崇高的、爱国主义的，他的努力在当时是必要的。历史事件证明情况确也如是。

奥曼对韦格蒂乌斯所写东西的进一步评论，作为说明这位罗马作者的某些陈述和理论所招致的批评的例子颇有意思。奥曼说，到他那个时代，“罗马步兵的绝大部分确实已是轻装兵，已经抛弃了盔甲……这种变革大致在……阿德里安堡的惨败使东部军队彻底垮掉的时候……已经开始有了变化……这也是确实的……罗

① 若米尼：《兵法概论》，军事科学出版社 1994 年第 1 版，第 86 页。

马帝国步兵在第一次与哥特军队相遇时，仍然还穿戴着古时的全副甲胄”。

奥曼写道：“在骑兵穿戴着更完备的全副护装的时候，认为步兵仅仅因为懒散和虚弱而抛弃护装，这样的猜测是荒唐可笑的。真实的情形是，古时军队中身披铠甲的军团军士在野战中受过检验，发现他们不符合作战要求。罗马帝国军事人员对以严严实实的重步兵防线来抵挡哥特骑兵的冲击已完全失去信心，因此已经把注意力转向让他们的步兵更多地使用投掷兵器，并逐步增加自己的骑兵数量并提高其作战效能方面去了。”

这是对阿德里安堡之役教训的回应，阿德里安堡之役在军事上的含义明明白白。“这是一次骑兵对步兵的胜利，也是自坎尼之战以来罗马军队所蒙受的最惨重的失败（公元前216年汉尼拔在意大利南部的坎尼击败了罗马军队）”。奥曼对这次会战的叙述很生动，发人深思。

哥特人怎样取胜

罗马帝国军队对哥特人的大营发起攻击，罗马人布成传统的兵阵……军团和大队位居中央，骑兵中队布于两翼。战斗正在沿着哥特人用大车连成的屏障一线激烈展开时，一大队骑兵突然向罗马军队的左翼冲杀过来。这大队人马是哥特骑兵的主力，他们本来在较远处寻找粮秣，接到战斗的消息后即直奔战场，猛攻罗马帝国军队易受冲击的左翼，其势之猛“真像是轰击在山顶之上的一阵霹雳，把一路上的一切障碍击了个粉碎”（四世纪拉丁历史学家阿米阿努斯语）。

尽管有相当多的骑兵中队防护着罗马军的这一侧翼，但对方的突进使他们措手不及：有的被撞倒，跌落马下而被踩；其余的则不光彩地四处逃窜。接着，哥特骑兵猛袭左翼的步兵，对他们进行卷击，迫使其撤到中央和预备队的位置去。

这一阵冲击十分迅猛，以致军团和大队全被逼到一起，陷入一片无奈的混乱之中。罗马人多次试图稳住阵脚，但均以失败告终。不多时，左翼、中央和预备队已乱成一团，即令自己人也无法分清彼此。帝国的卫队、轻装兵、长矛骑兵、辅助部队，以及战线上的军团都被挤压到一起，大堆的人拥挤在一块，拥挤的程度变得越来越大，因为哥特步兵一看到罗马军队由于侧翼受到攻击而乱作一团，便立刻从那些摆成一线的大车后面冲杀出来，从正面发起攻击。

瓦伦斯右翼的骑兵看到战斗已经失败，于是不再作抵抗便策马逃走；战场这一侧，战斗并不是激烈得撤不下来的步兵部队也乱哄哄地跟在他们后面逃跑。这时候，被抛弃的主体部分的步兵看清了他们的处境极端危险。他们的两翼和后方都已被敌骑兵围住，而正面又在遭遇从哥特军队大营中冲杀过来的众多兵力的攻击。面对这种情况，他们既不能展开迎战，又不能插翅逃跑，唯有束手待毙一途。

这种情景在坎尼之战以前曾发生过一次。士兵们因为密密麻麻地挤在一起，无法举起他们的武器去打击敌人，长矛左右磕碰，因此长矛兵无法将矛持握成水平状态，许多军士被挤压得透不过气来。在这一大堆吓得发抖的人群中，哥特人横冲直撞，挥舞着长矛和利剑去刺杀一筹莫展的对手。

这一战一直打到三分之二的罗马军队的官兵横尸疆场；由于队伍变得越来越单薄，加上夜幕降临，余下的几千人才得以逃脱出来，尾随于右翼的逃兵之后向南遁去。

衰落的原因

瓦伦斯和他的主要的军官们以及四万士兵惨遭杀戮。

罗马军队到韦格蒂乌斯所处的时代已经衰颓，其原因在于军人的素质和精神面貌的逐渐下降和颓靡，以及原来严格的入伍要求逐渐遭废弛，而在古时，必须要符合这些严格条件才能服兵役。这样的服役既是一种职责，也是一种特权，正如泰奥多·奥拉乌尔特·道奇在他的《凯撒》一书中告诉我们的，对这种特权，人们是小心翼翼地加以卫护的。

只有财产达到规定的数额的自由民才允准服兵役，凡财产额不足12500阿司（古罗马铜币，价值从1分到17

分不等)的人都不能服役[1]……因此,军团是由一些社会最上层的分子组成的。原来,到哪个部分去服役以及在军团中的地位都取决于阶级等级。但是,后来就变为依据服役时间长短来定夺了。因此,最年轻的士兵,17 到 25 岁的当韦利特,即轻装兵;25 到 30 岁的,当剑矛兵(枪兵),即第一排的重装兵;30 到 40 岁的,当主力兵,即第二排的重装兵;40 到 45 岁的,当后备兵,即第三排的预备队。

图 0-1　韦利特,轻装兵

图 0-2　后备兵,预备队

① 根据戴奥尼西的说法,塞尔维乌斯·图利乌斯把罗马人按财产标准分为五个等级:第一等级为 10 万阿司;第二等级为 7.5 万阿司;第三、四、五等级依次为 5 万、2.5 万、1.25 万阿司。在此以下者称"无产者",不列级。所谓财产额不足 1.25 万阿司者即无产者。

图 0-3　主力兵，重装兵（第二排）

图 0-4　枪兵（剑矛兵），重装兵（第一排）

图 0-5　骑兵

军团兵阵

轻装兵充当散兵。一名军团军士占据的空间大致为5平方英尺。剑矛兵和主力兵都以中队或班为单位，构成横排队形。每个单位60～120人不等。正面12人，纵深10人，每两个中队之间的间隔相等于一个中队的正面。主力兵中队的位置在剑矛兵后面，后备兵中队仅60人，他们也站在剑矛兵后面。彼此的间隔都约250英尺。

三排中的每一排都有10个中队，因此军团中构成横排的部队有1200名剑矛兵，1200名主力兵和600名后备兵。此外，必须加上1200名或者更多一些的轻装兵(韦利特)，由此使军团的步兵达到4200名，其中3000名是重装兵。每个军团还有300名骑兵……[他们布列于侧翼]

当罗马共和国(始建于公元前500年，延续了近四个世纪)内部的不稳定开始完全支配公民的思想和行动时，军队不久就感受到国内局势不稳的极其严重的影响。内战严重损害了罗马人的感情，但第一个造成军队性质严重滑坡的是盖犹斯·马略(执政官、大将军，公元前155～前86)……

早在他的时代之前……使市民具有服兵役资格的最低财产拥有额就已从12500阿司降为4000阿司了……市民的财富和奢侈湮没了崇尚俭朴的古风。自由民渐渐地设法逃避服兵役，而社会底层阶级的人民则发现服役乃是改善他们的境遇的一种途径。经历过多少次战役已不再是政治上获得升迁的必要条件。自由民骑兵不再去战地服役，而成了某种仪仗队。由于富人们逃避军事职责，通过征召上层阶级入伍这种简单办法来迅速建立庞大的军队已经做不到了。

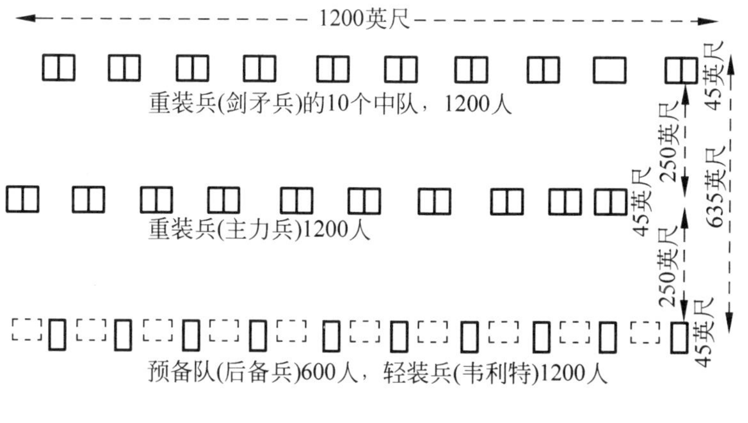

图 0-6 军团步兵兵阵

向最坏的情况转化

马略是第一个给予每一个自由民，不管他们的贫富状况，以同等服役权利的人……在如是引导下，军队不久便成了另外一种群体，而不再是罗马英勇无畏、忠诚正直和富有爱国精神的象征。服役权也不再是一种特权——攫取市民荣誉的唯一通途。富裕的市民不再去服役了。体力训练不受重视，充斥于军队的并非是不论贫富的各阶层的代表，而是一色的底层阶级；是从罗马各附属国来的各种族的人；摆脱了奴隶地位的自由民、异乡客、奴隶，不久便都跨入了军队行列，甚至罪犯也被饥不择食地招募进来。马略一度曾组织了一支由奴隶组成的贴身卫队。

军团如今已不再分为单一罗马人军团和盟邦外地人军团……罗马公民身份被广泛地授予意大利人，军团由罗马人、辅助部队、外省部队和雇佣兵组合而成。马略的录取标准仅仅是人员的身材高大和健壮有力。对于人员的素质根本不予考虑……任何人只要愿意付钱都可以免服兵役；任何人只要体格健壮达到要求就能操持武器。军人的誓言已不再宣誓为共和国效力，而是宣誓效忠于将军本人……久而久之，罗马公民为祖国效力的光荣职责渐渐地沦落为充当雇佣兵这种卑微角色。雇佣兵和常备军取代了志愿服役和仅仅出于需要而应召入伍的军队。被征服的外省都由地方总督实施统治，每省都有一支常备军，并拥有无限的权力；罗马当局并把这些外省交托给他们，自己坐收岁入，其必然结果不言而喻。罗马正在步希腊的后尘。

到了韦格蒂乌斯的时代，诸如此类的职业腐败和社会腐败现象已经深入军事机构的肌体，严重威胁着罗马国家的命运。罗马虽然仍然保持着源远流长的军队武功的威望和国家的荣耀，但是却在不断衰落，尽管时而也有起伏交替，然而其向下滑坡的总趋势却已无力挽回。这一切都是市民堕落和军队腐败的必然结果。

“军队中的惩处不再按条例执行；奖励也不是论功行赏。徇私舞弊之风迅速蔓延。朴素的树叶桂冠和青草王冠已让位于豪华的饰物。先是军官，后来连士兵也都免除了夜间设防的职责和其他的重力杂役。伟大的胜利荣耀为不配享受者所得。奢侈和浮华逐渐取代了简朴，不仅富有的市民如此，在军营中也同样如此。但是不能由于士兵的素质已经退化而得出结论，说领导者们已经变得无能了。当然，也不能说队长的能力之得以充分表现，是因为普通士兵的蜕化变质”。

技巧和训练至关重要

韦格蒂乌斯不断强调经常操练和严格训练的重要性，他著作中的这部分内容对于中世纪的士兵来说已成为令人厌烦的说教，封建制度对于坚持军队训练作用甚微。他的开头第一句话便是，“战争的胜利并不完全取决于人多势众，或者是作战勇猛；只有武艺精湛，熟谙兵法，训练有素才能确保胜利”。

韦格蒂乌斯的著作中箴言警句比比皆是，这些箴言已为当今人们所熟知。“渴望和平的人应当准备好战争”；“古人认为兵不在多而在精”；“在一派和平氛围之中，战争往往被视为遥远之事，不受重视”；“天生的勇士少有，许多人是经过磨炼和强制训练才成为勇士的”。

韦格蒂乌斯是一位改革家。他试图使四世纪颓废的罗马人恢复始终受他赞扬的古人的武德。他的这本篇幅小小的书写得简短扼要，通俗易读，他没有煞费苦心地去搞一部巨著，以免使读者望而却步，因为他希望他的著作能吸引读者阅读并使他们感到信服。他常常赞扬“古人”的榜样，要他的同时代人向“古人”学习；该书读来令人如同身临其境，他的著作之所以使人感到充实和富有特色，与此很有关系。时至今日，这部著作读来仍然令人津津有味，并成为现代人评论的题材。19 世纪和 20 世纪在德国出现的版本不下 40 种之多。法国的《军事综合评论》(Revue militase Generale)和我国[①]的《步兵杂志》(Infantry Journal) 1938 年都曾刊登过有关韦格蒂乌斯的文章。1930 年，丹克弗里德申克在《Klio》杂志上发表了一篇引人入 胜的文章，该文推崇韦格蒂乌斯是那个时代最最杰出的作家。

本书收入韦格蒂乌斯的头三卷，其中删节的仅是重复的部分。卷四和卷五都很简短，内容涉及设防地的攻防和海上作战问题。对此有兴趣者恐只限于军事古籍研究人员，因而没有收入。这个译本，译者为约翰·克拉克中尉，1767 年在伦敦出版。这是所能见到的最佳英译本，编辑时仅仅为适应现代惯用法而作了最低限度的必要改动。

由斯波尔丁·尼克森和赖特合著的《战争》(*Warfare*)一书(哈考特-布雷斯公司 1925 年版)第 294 页及随后几页上对韦格蒂乌斯有精彩的评述。德尔佩希的《十三世纪的战术》(*La Tactique au 13 me Siecle*)(巴黎，1886 年版)最精辟地论述了韦格蒂乌斯对欧洲军事思想的影响。汉斯·德尔布吕克在《兵法史》(*Geschichteder krieg-skunft*)(第二卷，柏林，1921 年版)一书中对

① 指美国。

韦格蒂乌斯的论述虽然简短，但很有价值。

承蒙普特曼父子公司支持，允许摘引奥曼的《兵法史》(*History of the Art of War*)的一些段落，以及霍顿·米夫林公司允许引用道奇所著《凯撒》一书中的某些段落，谨致谢忱。

英译本目录[①]

① 本目录与书中各卷章节所列标题不尽相同，请见各卷各节末的当页脚注。

插图目录

卷　一

英译本卷前提要

卷一所述系有关新兵之募选、训练和操习等内容。韦格蒂乌斯坚持认为，训练必须非常认真、非常细致地进行。“没有任何一种训练课目对于士兵来说比之作战时无比准确地保持队形更加关要的了。”他讲述了许多种兵器，罗马士兵都被要求成为使用这些兵器的能手。这使我们想起当今步兵无数职责中的一种。新兵应当努力锻炼，以求初期，在夏季时日，能达到半天行军20英里，继而提高到24英里的水准。古时的规章是每月必须进行此等距离的拉练三次。

古时,有一种惯例,人们把自己潜心研究的成果记载下来,纂写成书,呈献给他们的君主。研究工作除去祈求上苍保佑之外,务必争得皇帝的恩护,否则断无成就可言。再则,任何人都不该比君主懂得更多更好,只有君主博学才会给臣民带来莫大的裨益。屋大维·奥古斯都及其后的列位英明君主,都乐于披览此等呈文献卷,佐证此情的实例不胜枚举。如是,在统治者的鼓励之下,崇尚辞令之风大盛,除非因失慎而遭贬责。我亦深受各种实例所激奋,且察觉到陛下比任何别的君主更能容忍我从事著述的勇气,以致对我的身份较古时那些著作家低卑的事实无所顾忌。这个小小的卷本既不特别要求典雅的辞藻,也不刻意于思维之敏锐,只需勤奋而诚实地去劳作即可。故此,我决意将传授我们兵法的各派史家的观点以及夹杂在他们的著述之中迄今尚鲜为人知的内容整理出来,服务于罗马。

我在叙述有关新兵的募选和操练时,竭力遵照定规分部分编地展示出古时的风貌。但这绝非表明,您,战无不胜的皇帝陛下,对此抑或不尽了然;我祈望陛下明察,即在古时,罗马帝国的缔造者们亦已十分认真地垂注于您如今为造福国家所做的一切,我也祈望陛下能在这个小小的卷本中找到您认为在处理有关至要至切的事务时不可阙如的内容。①

一、战争的胜利并不完全取决于人多势众,或者说作战勇猛;

① 本节内容俄英两种译文无大异。英译本在文前冠有 Preface(导言)的标题和 To the Emperor Valentinian(呈瓦伦丁尼安皇帝)的副标题。

只有武艺精湛，熟谙兵法，训练有素，才能确保胜利。[①]

据我所知，罗马人之所以能够征服世界，靠的是军事训练，靠的是机巧地安营扎寨的技艺和自身的军事素养。在较少兵力的罗马人与众多的高卢人争战中，罗马人表现出巨大的实力，难道有别的缘由吗？矮小的罗马人英勇地迎战高大的日耳曼人，难道能依仗什么别的诀窍吗？西班牙人不仅在人数方面，而且在膂力方面都强于我们，这一点显而易见。无论是机智善谋，还是物质财富，我们从来无法与阿非利加人相提并论。谁也无法否认，在兵法运用和理论知识方面我们不如希腊人。但是，我们常常能够打赢。个中原因就在于我们擅长募选新兵，教他们如何使用兵器，坚持每天操练；在操练时、在军营生活中能预见到行军和交战时可能发生的一切；对怠惰者严惩不贷。

熟悉整军经武之道使人在战斗中勇气倍增。一个人只要坚信对自己的事业完全在行，他就会无所畏惧。实际上，一支人数较少，但训练有素的队伍在作战时往往更易于夺取胜利，而庞大臃肿、缺乏训练的乌合之众是注定会大败亏输的。[②]

二、从根本上讲，首先要解决的问题是从哪些省份、从哪些民族招募青年士兵更相宜。任何地方，人都有懒惰和勤奋之分。不过，某些种族的人在武事方面要强于其他种族，而且不同的天穹之

① 这句话俄译文稿中没有，英译本有；俄译文稿前的内容提要中有。我在这里将其补入，因为这是本书正文开篇的第一句话，是反映作者观点的一句重要的话。

② 本节英译本的标题是 Roman disciplıne the cause of their greatness(严格训练是罗马人业绩辉煌之根本)。

下的气候条件对于人的体力和精神力量影响颇大。[①]

在这里，我们不能不追记一下某些大学问家曾予肯定过的看法。所有住得离太阳近的地方的种族，能沐浴到阳光的辐射。诚然他们的天资比较聪颖，但有人说他们体内的血液比较少，因而在白刃格斗中缺乏坚毅和顽强精神；他们害怕负伤，因为知道自己体内少血。反之，北方诸民族远离太阳炽热的光线，尽管他们并不那么敏慧，可血液充沛，精神饱满，生气勃勃，而且总是特别热衷厮杀。因之，应当从那些气候温和的地方去招募新兵，应当招募那些血液充沛，不怕负伤，甚至视死如归的人来当兵。当然，他们也不应该是失去理智的人，理智可以使他们在军营生活中保持节制，而在战斗中会有助于他们定下合理的决心。

三、接着，我们再来看看，哪样的新兵更加有用，是农村兵还是城市兵？我觉得，在这方面从来不曾有过疑虑：农村出来的人对于搞武事说来要合适得多。因为他们头顶辽阔的蓝天，是在劳动中成长起来的，他们能够忍受阳光曝晒，对于夜间的湿度并不在意，没有澡洗也不在乎，更不知奢侈为何物；他们心地纯良，有点小惠就很满足；有一副能够承受各种劳动的身躯，农村生活使他们养成了操持铁器、挖壕掘沟、肩挑背扛的习惯。

不过，有时候也有必要吸收一些城里人参军。城市兵一旦注册入伍，首先要让他们学习干活，跑步，负重，经受阳光曝晒、风尘

---

① 英译本第二节的标题是 Selection of recruits（新兵之募选），含俄译文稿第二、第三两节的内容，俄译文稿此处以下一段文字英译本无。

吹扑,能满足于粗茶淡饭,能在露天或者简易帐篷里留宿。要在学会这些以后再去教练他们如何使用兵器。在进行远距离行军时,要让他们到边远的兵营去,多派他们去巡逻放哨,让他们远离城市的诱惑,以此发展并加强他们的体力和精神力量。

应当承认,在罗马建立城市之后,罗马人总是从城里走上战场的,但那时他们并未受奢华生活所腐蚀[年轻人在野外跑步和操练之后往往汗流浃背,于是便到台伯河里去游泳,洗净汗水][①];同一个人,既是军人,又是庄稼人,不过掉换一下手中的工具罢了。这在当时是很平常的;大家都知道,当人们规劝昆图斯·辛辛纳图斯实行专制独裁时,他还在地里耕作呢。可以认为,军队的主力应由农村(的兵员)来补充。我说不清道理,但现实确是:品尝过生活乐趣越少的人,越是不怕死。

四、现在,我们来探讨一下应征入伍的新兵的年龄问题。假若要保持古老的传统,那谁都清楚,应当在人们发育成熟之初就将他们招募入伍。学东西从年轻时期就起步,不仅掌握起来快,而且会学得更好。再则,军事上的敏捷和机灵,跳跃和奔跑的熟巧,理应在躯体随着年龄增大而变得衰弱之前练就才好。机警是指经过一系列持续的训练使战士变得刚毅而精力充沛的一种素质。所以,一定要挑选年轻人来当兵。正如萨卢斯特所说:“年轻人要想在战争中经受一切,就必须在兵营生活的实践中学习军事。”一个青年在受完训练教程之后仍未满战士所应达到的年龄,他若为此

① 英译本这几句话未加方括号。

感到懊恼，那要比他为已经过了这个年龄因未受到训练而伤心好得多。

整个训练教程应当有一段持续的期限。但愿人们不要以为掌握武器的本领是一项不起眼的或者轻而易举的事情。如果你想成为一名骑兵，或者步兵射手，或者持盾兵，就必须研习各种兵器和使用兵器的方法，以便能在原地，不紊乱队列，不妨碍战友，用大力把金属矛投向指定的目标，能挖壕沟，学会灵巧地使唤矛，操持盾，挡掉迎面飞来的标枪，能预先避开袭击，也能勇敢地承受来袭。对于学会了所有这些本领的年轻军士来说，同任何敌人厮杀就不仅不会感到恐惧，而是乐于去与他们搏斗了。①

五、我们知道，对于新兵的身高从来就有按精确尺码规定的一定要求。兵阵两翼的骑兵和军团前列大队的步兵，他们的理想身高是6英尺，至少也要达到5英尺10英寸。当年，挑选的余地比较大，因为希望从军的人比较多，即使在城市居民中公民的责任感使一部分最强壮的年轻人仍保持着选择军事职业的志趣。据此，假如真的有什么要求的话，应予注意的与其说是身高，不如说是膂力。[荷马认为(见《伊利昂纪》，卷五，第801行)，这个说法是对的。他说过，蒂德乌斯尽管个子矮小，他使唤兵器的本事可大得很。]②

① 英译本中本节的序号为1—3，标题是 Proper age for recruits(新兵的恰当年龄)。

② 英译本这一段文字未加方括号。

六、担当募兵任务的人在挑选兵员时，一定要特别关注他们的脸部表情、视线眼神、整个体态都能配得上补充军队所需人员的条件。这一点不仅在人，即使对马和狗也是可以根据许多表征予以鉴定的。有些大学问家对此理解深切。[比如曼图亚的诗人[①]曾说过，这种情形同样可以比照蜜蜂的状况观察到（见《农事诗》，卷四，第92首）：

它们有两种不同的类别：

一种强些，一眼就能辨明，

浑身熠熠发光；

另一种惰怠，令人憎厌，

拖着鼓鼓的肚腰，丑陋不堪。][②]

但愿将要献身于马尔斯事业[③]的年轻人有这样一副外相：活泼的双眼，笔挺的腰背，宽厚的前胸，肌肉强健的肩膀，有力的双手，长长的指头，恰到好处的腹部；他们的下半身应当干瘦些，小腿肚子和两脚不能因食肉多而过于肥大，而应该是肌肉发达，强壮有力的。如果你发现一个新兵身上具有这些特征，那就不必拘泥于他的身高。强壮有力的军士比之大高个子军人会更有用处。[④]

七、下面我们再探讨一下，在挑选军人时，哪些职业的人应当

① 指维吉尔，他出生于意大利曼图亚附近的农村。

② 这段方括号内的文字，英译本无。

③ 马尔斯是古罗马宗教所信奉的战神，罗马国的守护神。献身于马尔斯事业，指从事军事职业，请参见书后注释。

④ 俄译文稿第五、第六两节，在英译本中合为一节，序号为1—4，标题是 Qualities of recruits（新兵的素质）。

被选中或者被否弃。我认为，垂钓者、捕鸟人、糖果点心师傅、纺纱织布的，以及所有从事同女人柔情有关的差使的人，都应该从兵营里轰走；而铁匠、制车能手、屠夫、追捕鹿和野猪的猎手则应当募选来担任军职。国家的福祉整个说来取决于募选的新兵不仅应该在身体方面，而且应该在精神方面都是最优秀的；帝国的实力，罗马人民的稳定和安全都是建立在募兵时认真细致地进行如是筛选的基础之上的。不能认为这件事很容易做到，不可随随便便将其委托于初出茅庐之辈。大家知道，古人在这方面有许多突出的优点，其中塞多留便以擅长募兵著称。承担守卫行省和决定战争命运的年轻人（如果兵源充足，有挑选余地的话），在出身门第和个人德行方面都必须是无可挑剔的。荣誉感使军人成为优秀分子；责任感不允许他们遇难而退，使他们成为胜利者。如果说大部分时间只是在兵营里闲散虚度，到头来培养出一批胆小鬼，那有何裨益可谈？延长军中服役的时间从来无法弥补募兵工作中对新兵进行初试时犯下的失误。这一点，不管从自身的体验，还是从历史实例中我们已深有所悟；最惨的败北都是由于长期的和平环境使募兵工作缺少应有的认真细致态度，以致越来越多的杰出年轻人争相去民事岗位就职所造成的。有时候，有些原本属于大庄园主名下的新兵，由于负责募兵事务的官员徇私情或者故意疏怠，被招募之后又配给了原先的主人。所以，应当让大人物出面，而且要极其认真细致地把那些适合军队需要的青年人选拔来从军。①

① 本节在英译本中序号为 1—5，标题是 Occupational background（职业背景）。

八、被招募来的新兵不应立即取得军人标识[①]。起初，他们应当接受试练，看看是否真正适合从事此种职业。我认为应当检验他们的机敏性和膂力，看看他们能不能学会操持兵器，有没有作为一名战士所不可或缺的勇敢精神。虽然许多人乍一看似乎完全符合条件，但一经检验就会发觉根本不合格。应当将不合格的人淘汰掉，再挑选强有力的人来替代他们。要知道，一旦发生冲突，真正起作用的并不是军人的数量，而是他们的勇敢精神。

如是，当新兵注册登记之后，就应该通过日常的训练培养他们掌握兵器的本领。但由于长期的安定环境所造成的疏怠使日常训练显得松弛。怎么能让自身对整军经武之事昏昏然的人去教人操习武事呢？我们应当从历史上或者（专门的）书卷中去发掘古时有关的规则和习俗。可是，古人为我们叙述的仅仅是某些军事事件和战争的结果，而我们现在十分需要的东西，恰如众所周知的那样往往被他们搁置一边。[②]

诚然，无论是拉西第梦人[③]、阿非利加人或者希腊人都曾写过整本整本有关许多战术原理方面的书籍。但是我们还是应当研究罗马人自己的兵法：正是罗马人在原本很小的地盘上扩展成一个大帝国，其疆域几乎达到太阳升起的地方，达到世界的尽头。着重

① 英译本在此处有一方括号，其中的文字是：[这标识是烙印在战士手上的，用热铁烙，也可以用别的方法烙，但那是无法去除的。]

② 本节在英译本中序号为1—6，标题是 Military mark（军人的标识），但在英译本目录中未列入。俄译文稿本节自此以下的文字，英译本无。

③ 斯巴达人的另一种称谓，详见书后的注释。

研究罗马兵法的必要性迫使我读遍许多著述家的作品；我将在这个小小的卷本里尽可能准确地来叙述著名的监察官加图对兵法的见解，大著作家科尔内柳斯·塞尔苏斯和弗龙蒂努斯坚持不懈地反复阐明的观点，勤奋的军事法规的化身和捍卫者帕泰恩在他的作品里所记叙的内容，以及可以从奥古斯都、图拉真和哈德良的敕令中引申出来的精髓。我自认我本人在这方面不具备任何特别的威望，但我在这里提及的那些人物的见解却是流传极广的。我以一定的格式将其转述出来，也可以说是对之进行一番简述吧。

九、对新兵实施的第一堂军事训练课应该是走步伐。无论是行军还是在兵阵中，首先要注意使全体军士在运动时保持正确的队形。而要达到这一步，只有依靠坚持不懈的操练，使大家学会既快捷又均衡地运动。一支部队如果遭分割，而又不能保持严整的队形，那是非常危险的事情。一般说，夏季走步 5 个小时可达 20 英里；如更快一些，所谓走大步，同样时间内可走 24 英里。快于这个速度，就是跑步了。跑步的时间距离很难确定。青年军士尤其应当勤练跑步，善跑有以下几点功效：能够向敌人发起猛烈攻击；必要时能迅速抢占有利地形，以赶在同样准备如是行动的敌人前头；能迅速而大胆地前去侦察敌情，并飞快地折返回来；进而更易于突击溃退中的敌人的后方。

军士还应当通过坚持不懈的训练学会跳跃，学会跃过沟壕，翻越任何足以成为障碍的高地；一旦遇上类似的困难，能够毫不费力地予以排除。此外，在战斗进程中，在刀枪如林、箭似飞蝗的战场上，一名战士若能以跑步、跃进而运动，那他就能杀伤敌人，使之丧失视力，震撼其神经，并在其未及作好准备进行自卫或击退对手之前，即令之受到沉重打击。萨卢斯特曾这样描述过伟大的格奈乌斯·庞培的习武，“他跟机灵鬼比跳跃，跟飞毛腿比跑步，跟大力士比杠铃”。否则，要是不持之以恒地坚持习武，既使他自己，又使他的部队得到这样的锻炼，他又怎能敌得过塞多留呢？①

十、一般说，每个新兵夏季时节都应当学会游泳术，因为并非所有的河流上都架有桥梁；部队无论是在撤退中还是在进攻中，经常不得不泅水渡河。有时由于突然下雨或者遇上积雪融化而暴发山洪。在这类情况下不会游泳会使部队陷入险境，危险不仅来自敌人方面，也来自这些洪流。古罗马人经历过太多的战争和接续不断的险情，使他们学会了各种各样的作战本领，他们选择台伯河畔的马尔斯教场进行训练，就是要让年轻人在持械操练之后能够在这条河里洗净身上的汗水和尘土，并通过游泳驱除奔跑引起的疲劳。不仅是步兵，就是骑兵，甚至他们的马匹，还有随军商贩和

---

① 苏拉死后，社会各阶层对其独裁统治的不满，很快就暴露出来了：在罗马，公元前 78 年的执政官李必达提出废除苏拉宪法，恢复保民官权力的法案；在伊特鲁里亚，在意大利境外各行省都有反抗运动，运动中心在西班牙，其主要领导人是马略派的重要成员塞多留。塞氏曾任西班牙总督，在那里经营多年，享有很高威望。他在土著居民中组建了一支军队，治理极严。前 77 年罗马派庞培征讨，结果遭失败，庞培自己也险些被俘，后因罗马援兵源源不断，庞培又是一名骁勇善战，长于谋略的将领，加之塞氏军内部不稳，致庞培有了取胜的机会。

本节在英译本中的序号为 1—7，标题是 Initial training(基础训练)。

被称作加利阿里的辎重差役也都要学好游泳，以便一旦发生情况时不致因为缺乏经验而招致不测。①

十一、在古人的书卷里记载着他们训练新兵的方法。他们用树条像编制篱笆那样做成盾，这种“篱笆”样的盾的重量要比国家规定的普通盾重一倍。同样，发给新兵的不是真的剑，而是比剑重一倍的粗木棍。就这样他们不分清晨还是午后坚持朝木制的人形靶练习刺杀。

利用人形靶进行训练不仅对军士很重要，就是对角斗士来说也会得益匪浅。无论是在竞技场上还是在战场上，一名军士要是从未刻苦地在人形靶上下过功夫和学过技艺，那他就不会成为不可战胜的高手。每个新兵都必须亲自把木制的人形靶打进地里去，要让它直挺挺地稳稳地立在那里，其高度有 6 英尺。新兵应该对着这种人形靶就像面对真正的敌人一样，用自己的“篱笆”盾和粗木棍，就像使用真的剑和盾一样进行训练。他应当时而竭尽全力去刺伤它的头和脸，时而攻击它的两肋，时而向它的小腿刺去，尽力砍伤它的胭窝；一会儿倒退，一会儿跃进，一会儿扑过去，就像对付真正的敌人一般。他应该在这个靶子上做尽所有的攻击式样，练就各种军事动作的所有技艺。在操练这些动作时，要时刻特别注意让新兵在杀伤对方的同时力避暴露自己身体的任何部位，以免被对方击中。

① 本节在英译本中序号为 1—8，标题是 To learn to swim（学游泳）。

图 1-7　斗剑或剑。剑身长 2 英尺，宽约 4 英寸，双面刃，带剑柄。

十二、此外，古人练习厮打时重视操练刺杀敌人，而不是乱砍一气。对于那种战斗时只会乱砍乱劈的人，罗马人不仅很容易战而胜之，而且往往拿来取笑。如果一味砍劈，不管你用多大的力气，往往不会致命，因为对方对身体的重要部位总会用武器进行护卫，骨骼本身也会起到保护作用。反之，当刺杀时你可以把剑刺进去起码 2 英寸，这就足以使其伤重致死；当然此时必须把利器刺及十分重要的部位。另外，当你砍劈时，你的右手和右肋都呈暴露状态，而当你刺杀时，则身体各部位都是不暴露的，而且可以在对方尚未发觉时即将其杀伤。这就是为什么罗马人在交战中主要使用这种办法的道理；平时新兵训练时使用重一倍的这种树条盾和粗木棍，而战时他们手中的真家伙却是轻了许多的武器，这样他们就会觉得很轻松，因而作战起来就会更加镇定自若，更加精神抖擞。①

十三、再，新兵还应当深入而认真地做好战术演练，这是由专门家相传给我们的学问，这一做法部分地保留至今。众所周知，即令如今，在所有交战中，那些长于部署兵阵的人总要比别人更善

① 俄译文稿第十一、十二两节，在英译本中合于一节，序号为 1—9，标题是 Sword practice(习剑)。

战。由此可以理解，受过训练的军人要比未受过训练的人强，因为懂战术的人在作战方面总归要超过其他同伴的。我们的祖先严格遵守这样的训练制度，对此非常看重，以至于对学习过操持武器的人要奖励双倍的薪饷，而那些在这类演练中成绩欠佳的人，则不发给谷物，代之以大麦。若要重新领取那份小麦，就必须当着军团长、指挥官和高级军官的面用事实证明他们确已能够完成兵法的一切要求。

一个国家是否强大、是否幸福、是否光荣，要看它有没有足够数量的经过训练的军人。要知道，无论我们的衣装多么华贵绚丽，金银首饰多么光彩夺目，这些东西无法强使敌人敬畏或者喜爱我们，只有慑于我们的武装，他们才会驯从我们。加图所言极是，他说，在别的事情上犯下某种失误，那是可以在随后加以改正的，唯独在交战中败北，则是无法改正的，因为惩罚会立即随着失误而至，结局无非是两种：要么参与交战的人由于怠惰和未经训练而即刻身亡；要么趁机逃窜，进而他们也就永远失去了与胜利者较量的勇气。①

十四、现在让我回到开头的题目上来。新兵在接受用粗木棍向人形靶进行刺杀训练时，还要练习像对付真人那样朝人形靶投矛，这种矛比以后使用的真正的矛要重。这时，操练掌握武器的人会注意到要把这矛投掷出去是必须花很大力气的。一个新兵在把

① 本节在英译本中序号为1—10，标题是Special drill and discipline（专门的操练和演练）。

矛投掷出去之前一定要先看清目标，要练习投中靶子，至少也要投到靶子附近。经过这样的训练会增强臂力，掌握投矛的经验和熟巧。

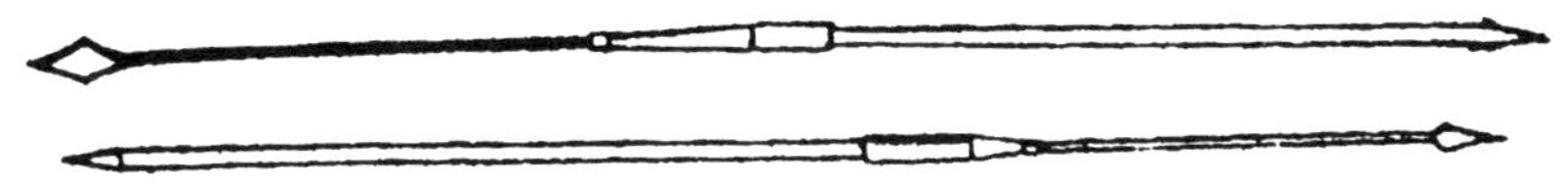

图 1-8　矛、标枪；杆是木制的，矛头是铁制的，较长；
全长 6～7 英尺，重至少 10 磅，投程约 20～30 码。

十五、对于募选时被认为最适合于当弓箭手的第三等级和第四等级年轻的新兵[①]，应当让他们坚持使用竞赛用的木制弓箭操练射靶技术。为此，应当选拔干练的专职教头去培养弓箭手掌握最佳的机敏性，训练他们如何端正地执弓，如何有力地开弓，以求左手保持平稳，右手按规范拉曳，同时将视线和意念集中于射杀对象。总而言之，无论是骑射还是步射，都要使他们练就一手百发百中的硬功夫。要想使功夫达到如是程度，必须勤学苦练，必须锲而不舍，持之以恒。

优秀的弓箭手在交战中能发挥多大的作用，加图在其论述兵

① 按塞尔维乌斯·图利乌斯的军事改革，军事组织和财产等级密切相关。第一等级应提供 98 个百人队（centuria），其中 18 个骑兵百人队，80 个重装步兵百人队；第二、三、四等级各出 20 个步兵百人队；第五等级出 30 个轻装步兵百人队。不同等级的百人队的人数是不相等的。凡 17 至 60 岁（一说 17 至 46 岁）的有产公民，皆有自备武装和给养服役的权利和义务。装备随财产等级而有所差别。比如第一等级的公民备有头盔、胸铠、胫甲、圆盾、短剑和长枪等全套武装，以下等级依次减少。第三、四等级公民备有弓箭和投掷矛，因而适宜于当弓箭手和投矛手。关于按财产标准将罗马人划分成五个等级的情况请参阅英文本译序“衰落的原因”一节之脚注，第 32 页。

法的著作中曾说得十分明确;克劳狄乌斯则在他的军队里组建了庞大的弓箭手部队,对他们进行严格的训练,并终于打败了曾经远比他强大的敌人[①]。努曼蒂亚人曾强使罗马军队屈辱地从牛轭下钻过[②],西庇阿·阿非利加努斯在与他们交战之前认定,只有每个百人队都配置一部分经过选拔的弓箭手才能击败对方,否则断无取胜之可能。

十六、还应尽力训练年轻人学会投掷石块,用手投或借助投石带。据说,首先发明投石带的是巴利阿里群岛的居民。岛民都要认真练习投石本领。如果孩子们不能使用投石带将指定的石块击中食物,母亲就不许他们进食。对付头戴盔胄,身披铠甲的战士就常常用投石带或投射器投掷大石块,这些石块比任何箭矢都重得多,尽管打下来只能伤及身体的某个部分,但却可以在不见大量出血的情况下置敌于死地。大家都知道,在古时的一切交战中都有投石手参加。全体新兵都要通过单个训练学会这项本领,因为携带一条投石带不会增加任何负担。有时战事会发生在布满石块的地形上,有时则必须守住一个山头或者一块丘阜,或者需要用石块或投石带击退包围城堡或城池的蛮族人。[③]

---

① 俄译文稿认为此处所指系在第二次布匿战争中因攻克卡普阿而名噪一时的执政官阿庇乌斯·克劳狄乌斯;英译本则认为是公元 268~270 年在位的罗马皇帝克劳狄二世,并认为这里的敌人指高卢人。

② 类似的情况也曾发生在公元前 2 世纪的朱古达战争中,请参阅卷三第十节(第 155 页)之当页注①。

③ 俄译文稿第十四、十五、十六三节在英译本中合在同一节,序号为 1—11,标题是 Use of bow, sling, javelin(弓、投石带、标枪之使用)。

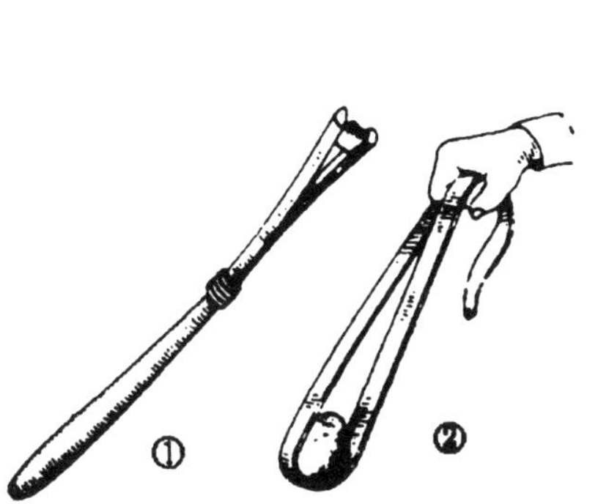

图 1-9　投石带

1）端部带裂缝的木棒

2）辫形环扣或皮带活套

图 1-10　手持投石带的军士——投石手

十七、必须向年轻的新兵传授怎样使用一种叫做马蒂奥巴布利[①]的铅球。古时，在伊利里亚有两个各有 6000 人组成的军团，因为他们非常擅长而且力大无比地使用这种投掷器具，人们便以马蒂奥巴布利（大力神投手）称呼之。大家也都知道，长时期来他们参与了历次战争，战绩辉煌。戴克里先和马克西米安两位称帝后觉得应当给这两个马蒂奥巴布利军团封号；于是一个军团被命名为朱比特军团，另一个军团则被封为赫拉克勒斯军团。这两个军团比其他军团更多地受到两位皇帝钟爱。他们的盾上都带有五颗这种马蒂奥巴布利铅球。只要士兵们适时地投掷这些铅球，那么持盾兵（重装兵）就同样能履行弓箭手的职责。他们能

① 俄英两种译文处理此字均取音译，汉译随之，其意思是“大力神投手”。

够在白刃格斗之前，甚至能在标枪和箭镞飞抵之前便重创敌方的人和马。[①]

十八、不仅对新兵，即使对基干人员也要不断加强马术训练。很明显，尽管如今这种训练课目已不大受重视，但却仍然保留着。通常架置一些木马（“鞍马”），冬天搭上个棚子，夏季就露天进行练习。起初，年轻的新兵只是徒手练骑术，以便先掌握熟巧。随后再持械操练。训练时还要注意使新兵从左右两侧上下马，同时要手持马刀或矛。必须坚持不懈地在和平时期尽力加强训练的目的，就是为了使受训者在一旦战斗突发时能毫不迟疑地跃身上马。

十九、还必须严格训练年轻的新兵在负重60磅的情况下健步行军。在艰难的路途中负重行军是由于有时必须随身既携带粮秣，又携带武器的缘故。只要养成这种习惯，就不必顾虑这会有多大的困难了。事前坚持不懈地加强训练便能使任何难事变得轻而易举。[古时军士们就常常这样做，这一点我们可以从维吉尔的作品（《牧歌》第三章第346首）中得到证明。他写道：

罗马人酷爱自己的武器，

任重而道远；

他们会突然出现在敌人面前，

① 本节在英译本中序号为1—12，标题是Loaded javelin（铅镖），但在英译本目录中未列入。

队伍齐整，营垒森严。][①]

二十、写到这里，我要进而言明，应当让新兵通过操练掌握一些什么武器，或者说给他们装备些什么的事了。在这方面古风几已荡然无存。我所指的是：尽管骑兵的装备由于仿照哥特人以及阿兰骑兵和匈奴骑兵的模式有所改进，但正如大家所知道的那样，步兵的防护装备已全都没有了。从建立城邦之初到格拉提安皇帝统治时期，步兵一直是披铠甲、戴头盔的。但随着怠惰之风和贪图安逸自在的陋习滋长起来，野外训练中止了，有人还认为装具太笨重，于是军士们也就很少再穿戴护具了。渐渐地有人向皇帝提出免穿铠甲，后来又提出免戴头盔等等诸如此类的要求。可是在与哥特人争战中，由于我们的军士胸前毫无防身之物，脑袋也没有什么遮护，他们的伤亡极其惨重，敌人如雨般的箭镞夺走了他们的生命。而即使在连遭如此重大的失败，这些失败又使如此多的城市遭致毁坏之后，居然还是没有人去关心让步兵战士重新穿戴上他们的铠甲和头盔的事。

一支部队布好阵势，而军士们几乎毫无防身护具，处在敌人的攻击之下，连连有人负伤，这时他们脑子里所想的与其说是怎样作战的问题，不如说是如何逃命的事情。实际上，身上没有铠甲，头上没有头盔的步兵弓箭手，如果他们使用弓箭，无法持盾，那他们

① 俄译文稿第十八、十九两节，在英译本中合为一节，序号第1—13，标题是Vaulting, burden carrring(骑术和负重)。第十九节最后一段文字，英译本未加方括号，也没有标明维吉尔诗句的出处。

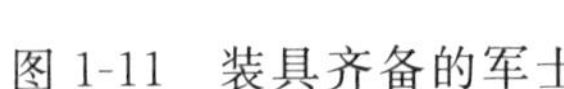

图 1-11　装具齐备的军士

图 1-12　军团军士在行军中

又怎样来防护自己呢？那些龙标手[①]和旗手，左手执着标杆和旗杆，而胸前和头上全无护具，他们在交战中又能做些什么呢？对于那些很少进行操练，很少接触武器装具的步兵军士来说，铠甲和头盔实在是太沉重了。当然，假如他们每天都使用这些相当沉重的武器和装具，甚至能随身携带着，久而久之也就不会感觉到它们的重量。谁要是承受不了携带古老的防护装具的劳累，那就会使自己的身躯处于毫无防护的状态，进而将不可避免地遭到伤亡，甚至

① 带有龙的画像的标记是从图拉真时代由安息人那里传入的，后来成了罗马大队的标志。

冒被俘或者叛国逃跑的危险，那岂不更悲惨得多了吗？所以，他们拒绝训练，不愿吃苦受累的做法实际上使自己蒙受到极大的耻辱，这就无异于绵羊任人宰割一般。

古人之所以称誉步兵部队为铜墙铁壁，并不啻是因为军团战士手执标枪和盾牌，而且还因为他们身上和头上闪烁着铠甲和头盔。这一身护具十分考究：弓箭手的左袖上有护臂，而步兵持盾手除去铠甲和头盔之外，在右腿的膝盖上还必须佩戴铁制的护膝。在交战中配置在第一排的主力兵、第二排的剑矛兵和第三排的后备兵①都拥有全套的防护装具。② 后备兵一般盘膝坐地，用盾遮护着身体，避免遭到飞来的箭镞和标枪伤害；必要时，比如在歇息过后，他们也取站立姿势，以使能迅捷而有力地向敌人冲去。众所周知，在会战中常常在剑矛兵和排列于他们之前的军士牺牲之后由他们去夺取胜利。

古时，在步兵中还有称作轻装兵的投石手和标枪投手。他们主要被配置在两翼，战斗往往从他们那里打响。不过，机动性大和

---

① 公元前 5 世纪至前 2 世纪古罗马军团作战时用以布阵的三种重装步兵的称谓。主力兵装备有盾、盔、铠甲等全套防护装具，并配有木杆长矛，自前 107 年起改装为铁铸短标枪，由富有阶级出身的、年龄在 30～40 岁的老练军士组成；前 5 世纪末前 4 世纪初开始改为配置到第二排，即配置于剑矛兵之后。剑矛兵（亦称枪兵）是组成第一排中队的年轻士兵，装备有头盔、皮短上衣、盾，武器有双锋剑式短矛、两把投掷矛，战斗开始时将投掷矛投向敌人，随后突入敌人队伍用剑矛厮杀。后备兵由 40～50 岁的公民中最富有经验的军人补充，装备有重矛、重剑以及护身器具，在军团战斗队形中配置在剑矛兵和主力兵之后，即配置在第三排，后备兵在决定关头投入战斗，以增强前两线的突击力或阻止敌军的冲击。公元前 2 世纪，由于装备差异的消失，罗马步兵的这种剑矛兵、主力兵、后备兵的划分逐渐废止。

② 本节在英译本中分为两节，此以上序号为 1 14，标题是 Arms of the ancients（古人的兵器）；自此以下序号为 1—15，标题是 Troops in action（作战部队）。

训练有素的军士也常常朝这里集中。他们的人数不是很多，如果交战进程迫使他们后撤，他们通常能够在军团的前两列之间实行互救互助，而且这时战斗队形不会混乱。

似乎直到最近还在通行的一种惯例是，所有军士头上都戴着用毛皮缝制的叫做帕农帽的帽子。这一惯例之所以能延续下来，乃出于使军人养成脑袋上始终有东西顶着的习惯，而在交战中又不致像头盔那般过于沉重。

步兵部队所使用的投掷标枪（称作“比鲁姆”）有 9 英寸[①]或 1 英尺长的尖尖的三棱矛头。如果标枪扎透盾牌，要把它抽回来已不大可能，标枪是很容易穿透铠甲的。在我们这里这种标枪已不多见。持盾护身的蛮族步兵则主要使用这类标枪，他们称其为“别布拉”，交战时每人配有 2～3 支。

此外，还必须经常记住，当你使用投掷兵器时，必须左脚在前，取这种姿势投掷时用力得法。至于说到举矛以及手持刀剑进行面对面肉搏时，你就应当右脚在前，这样做部分是为了防止侧面受到敌人刺进，使你不致负伤；部分则是使你那足以致敌伤害的右手更靠近些（敌人）。显然，应当为新兵装备各种古代兵器和护具，因为在战斗中谁的头部和胸脯受到防护，谁就会有更大的勇气，谁就不会惧怕受伤，这是人之常情。

二十一、新兵还应当学会怎样构筑营地：在战争中再没有比这种本事更加重要，更加不可或缺的救生之道了。的确，营地构筑

① 英译本此处为 11 英寸。

得规范，军士们就能安心地在工事里度过日日夜夜，即便在遭到敌人围困时，他们也会觉得似乎是处在一座四周有城垣护卫着的城市里一般。可是，这种功夫现在可以说整个儿被人遗忘了，很久以来已没有人再讲究挖堑壕、架栅栏、构筑营地的技能了。因此，正如我们所知道的那样，我们的许多部队或于白昼或于深夜经常在突然出现的蛮族骑兵的袭击下溃不成军。遇到此类情景的不仅是没有坚固营地的军士，而且还有因某种原因在战斗中开始撤退的队伍，他们找不到可以隐蔽藏身的地方；就像一群无力反击的野兽，只有当敌人失去了追击他们的愿望时，才得以幸免被戮。

二十二、要始终注意将营地建在安全地带；如果敌人就在不远处，那就尤其要注意这一点。还要注意附近能否充分保障柴薪、草料和水的供应。要是在这里停留的时间较长，选址时还要考虑气候是否正常的问题。必须警觉周围不要有山岗或高地，否则这些制高点一旦被敌人控制，后患无穷。还有一点值得关注：平时这一带会不会暴发山洪，如是则部队不得不耗费许多精力去对付它。营地的规模应当建造得与部队的人数、辎重的多少相适应，要防止大量的部队拥挤在一个不大的空间里，或者相反，统共没有多少人却要展开在比应有面积大得多的土地上。

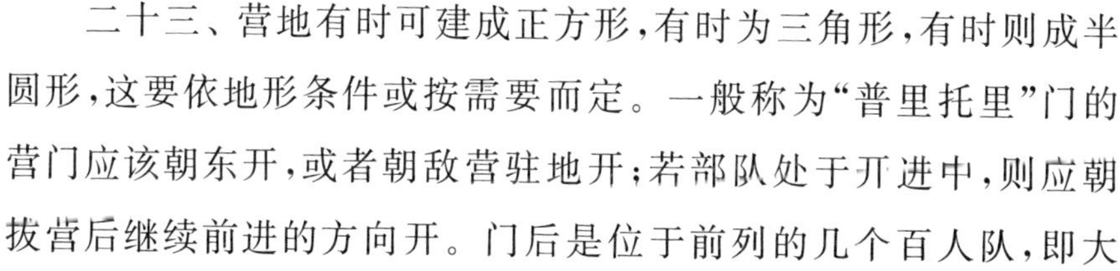

二十三、营地有时可建成正方形，有时为三角形，有时则成半圆形，这要依地形条件或按需要而定。一般称为“普里托里”门的营门应该朝东开，或者朝敌营驻地开；若部队处于开进中，则应朝拔营后继续前进的方向开。门后是位于前列的几个百人队，即大队的营帐，同时也是龙标手和旗手的驻地。“普里托里”门正后是“狄可曼”门，是在营地的另一端，这是为惩治触犯条规的军士时将其押解出营的通道。

二十四、构筑营地通常有三种形式。如果时间不太紧迫，应当从地面上挖土垒起3英尺高的墙来，这样在墙前，也就是起土的地方就会出现一条壕沟，随即趁势很快地挖成一道宽9英尺、深7英尺的堑壕来。要是敌人的实力强大，那就必须在营地四周都挖上堑壕，而且要像兵法规定的那样，使这道堑壕达到宽12英尺，垂直深度9英尺的水准。要把挖出来的土在堑壕的两边各垒成一条4英尺高的土堤。如是，一道宽12英尺的堑壕的深度可达到13英尺。在堤上要打上木桩，所用木头要坚实，材料通常由部队负责运抵。为此军士们还常常需要事先准备好铲子、耙子、筐子以及其他的工具。

二十五、当敌人尚未出现时，构筑营地的事比较简单。一旦敌人发起攻势，所有的骑兵和一半的步兵就要列阵迎战，以打退敌人的冲击。其余的人则在他们后面挖壕掘沟，加固营地。这时命令发布官要明确宣示，哪支百人队是第一批，哪支是第二批，哪支是第三批，轮流上岗作业。嗣后，百人队长们要去察看挖就的壕沟，量一量宽度和深度，对于那些工作不经心，草率马虎的人要给予惩处。必须教会新兵这门课目，以便必要时他们能够迅速而认真地按全部要求去构筑营地。[①]

---

① 俄译文稿第21～25共五节相应于英译本中的1—16，后者的标题是Entrenched camps（构筑营地）。

图 1-13　安顿四个军团的营地

凡驻扎部队的营地，其规模皆划一。四周有为驻军备用的栅栏、壕沟和土墙。在外部防御工事和营地主要部分之间有一 200 英尺宽的空间，以作伙房、厕所和其他公共事务之用，也用于集会以及万一遭到敌人攻击时可以作为防御用的机动场地。由圆木做成的沉重的大门是现成的，每个营门都有壕沟和城垣防护。按惯例，壕沟宽 5～12 英尺，深 3～9 英尺；城垣最高最宽均 10 英尺，而且都有圆木、篱笆和柴捆等加固。有时城楼建在城角处和顺着营地边沿，应能俯视到壕沟内外的情景。①

① 这段文字系图 1—13(英译本插图)的图注。

二十六、在会战中，最要紧的事莫过于军士通过坚持刻苦训练而掌握能保持严整战斗队形的本领，以及一旦队形遭破坏任何部分都不致出现拥挤成堆或兵阵稀疏的情形。如果大家挤成一堆，就会失去进行交战所需要的自由空间，从而在自己人中间造成相互妨碍的局面；而在兵阵呈现稀疏的地方，敌人就有机会穿越接合部实施突破。这种情况的必然结果往往是整个兵阵由于恐惧而陷入混乱之中，因为敌人一旦突破过来，便会出现在部队的后方。据此，必须常常把新兵带到野外去，按照花名册让他们布阵。起初队伍可简单地排成一线，但要拉得开些，不要有任何弯曲和圆角，使军士间保持均衡和规定的距离。随后，要操练他们能迅速地把队伍转成两行，也就是要他们在运动中保持编就的队形。再则，要教会他们能迅速地布成正方形队形（方阵）；继之再变此为三角形，也称楔形队形。通常这类布阵在战争中会带来很大好处。军士还应该学会布成圆形（环形）队形，这也十分重要：这样布阵在敌方突破我兵阵时，训练有素的军士一般能够挡住他们，从而不致发生整个部队溃散逃跑，一败涂地的惨状。如果年轻的军士们能够通过日常的训练切实掌握好这一切，那他们在交战时也就比较容易保持严整的战斗队形。①

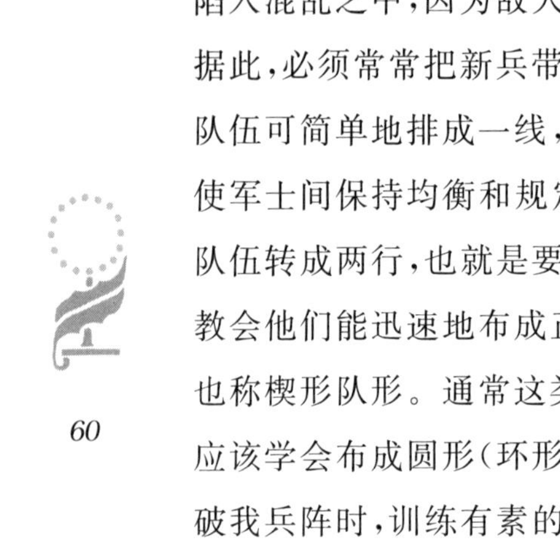

二十七、此外，从古代的遗风中还保留并依然遵奉着奥古斯都和哈德良的圣谕：无论骑兵还是步兵每月必须有 3 次拉练。这所谓的拉练是指一种训练的方式。按规定步兵要全副武装，手持

① 本节在英译本中序号为 1—17，标题是 Evolutions and marches（布阵和操练）。

标枪，行军 10 英里，再返回营地，途中有一段行程要快跑。骑兵不管是区分成骑兵小队还是携带全部武装同样必须进行近似的训练，而且有时还要转而操练骑术，有时则要练习后撤；随后绕骑一圈，再准备进攻。此类训练不仅要在平坦的地形上实施，而且步骑两个兵种都应当在陡峭险峻的山地和起伏地形上演练爬上爬下，以求在交战时不致遇到(哪怕偶然地)作为优秀的军士事先在刻苦训练时所不曾研习过的任何状况。[①]

二十八、啊，战无不胜的皇帝陛下，我对您充满忠心和虔诚。我把许多著作家在他们的著作中叙述整军经武问题的全部精髓集中在这部篇幅有限的卷本中，旨在使希望努力去从事募选和训练新兵工作的人能够比较容易地加强部队的实力，并使他们的部队具备古时的英勇气概。在人们心里战神马尔斯的战斗热忱并没有完全泯灭，他的光辉照耀着大片土地，这片土地滋养着拉西第梦人、阿非利加人、马尔西人、萨谟奈人、佩利尼人，而且还有咱们罗马人。曾几何时，伊庇鲁斯的人民难道不是最强大的军事奇才吗？难道说马其顿人和色萨利人战胜波斯人后，不是用武器为自己开辟了到达印度境域的道路吗？至于达西亚人、莫西亚人、色雷斯人从来就极善战斗的事实，从许多故事中已经看得很清楚，这些故事还证实战神马尔斯本身就出生在他们之中。

如果我要数说每个行省各自的兵力状况，我就有说不完的话，

① 本节在英译本中序号为 1－18，标题是 Marches(拉练)，但在英译本目录中，未列入。

因为所有这些行省现在都是隶属于罗马帝国的。但是，长期的和平环境致使有些人一味追求享乐，贪图安逸自在；也有的只是热衷于民政事务。这样，有关部队的训练问题起初是不受重视，后来渐渐地松懈下来，最后完全被忽视，而终于彻底废弃了，这难道还值得费解吗？

其实，这毫不足怪，类似的情形在古时也曾发生过。比如，在第一次布匿战争之后，和平年景延续达二十年之久，由于贪图安逸自在，疏怠军事训练而使当时的罗马人的国力大大地削弱了。在此之前他们曾经一路风光，无往而不胜。可是到第二次布匿战争时他们却无论怎样也无法同汉尼拔相匹敌。他们只是在丧失了那么多的执政官和军事将领之后，在丧失了那么多的军队之后，才悟清要学习军事实践，要操练使用兵器，而且只有学会了这一切之后才又重新开始打胜仗。所以说，必须时时刻刻重视募选和训练新兵的工作。众所周知，教会自己人掌握武器的本领总要比出钱雇佣别国的士兵更便宜吧。①

① 本节在英译本中序号为1—19，标题是Conclusion（结语），但在英译本目录中未列入。

卷　二

英译本卷前提要

在卷二中，韦格蒂乌斯论及军团的编成及其军官，论及古时的晋升制度和军团会战时的布阵。我发觉，罗马人规定士兵们存钱的做法跟如今美国军队的做法实乃同条共贯；彼时警卫和值勤的登记办法现在仍在沿用，而罗马的警卫值勤制度与我们的内务指南也仅有细微的差异。从对野战乐队的记叙中可以看出，原来它便是当今美国将其作为装饰排场之用的先驱。照韦格蒂乌斯的说法，军团之所以战绩辉煌，赖于其武器装备和机械设施，以及它的士兵的英勇无畏。一个军团拥有55架弩炮（一种投掷机械），用以抛射标枪，以及10台由公牛拖拉的石弩（一种机械投石器），用以投掷石块。每个军团都配备有架桥器材，有许多“用长长的绳索或链条串接在一起的独木舟”。此外，“不管需要怎样的勤务，营地都有力量和条件建成一座坚固设防的城堡”。培养工匠的工作也就是为履行现在由军队中各种勤务部门履行的一切职责做好准备。

陛下对先人有关各种军事教令的细节了如指掌，深察其情，因而运用起来可谓得心应手。这一点可以从一个接续一个的胜利和凯旋中得到证明。事业的成功是技艺高超无可争辩的明证。可是，沉着镇静、战无不胜的皇帝陛下，您依然还要以您那虚怀若谷的气度，竭力从各种古代典籍中探求实例和材料，尽管近年来您的许多功勋早已盖过了古时的辉煌。如是，当我决定在我的这个卷本中向陛下简短地叙述这一切时，与其说那是为了施教，不如说只是禀报情况而已；我对您的深深的敬意使我辗转反侧，惊恐不安。作为人类的主宰和领袖，一切蛮族的征服者，还有什么比之尽心尽力地在整军经武的学理和方法方面不断探索新的内容更加恢弘的呢？抑或由您颁下一道旨令，让人家去描述您本人业已实行过的一切，岂不更好？而从另一方面讲，违抗如此伟大的皇帝的委托，在我看来简直就是犯罪，理应受到惩处。因是，我服从了，但又以一种独特的方式感受到那实在是勉为其难；如若我拒绝，我当真害怕那该是更加不恭的举止。陛下无限的宽宏使我获得巨大的勇气去从事这一极富冒险性的事业。其实，作为您的忠诚的仆人，我早就将关于募选和训练新兵的一册小书呈献给您了，为此我是不该遭到非难的。如今，既然我原先顾虑重重的劳作不会受到惩处，我也就可以放心大胆地直接按照旨令去做这件事情了。①

① 与卷一一样，英译本在文前冠有“导言”的标题和“呈瓦伦丁尼安皇帝”的副标题。

一、军队[正如罗马人民的大作家、大诗人在其著作中所称，乃由武器加男子汉所合成[①]]，分为三大部分：骑兵、步兵和水师。骑兵部队之所以称作侧翼(alae)是因为恰如飞鸟的双翼从左右两面掩护着兵阵。如今人们亦称之为“执旗队”，因为骑手们挥舞着旗帜；现在这种旗帜也有称“火舌”的[②]。还有另一类骑兵，因隶属军团编制而叫军团骑队，穿戴护腿(ocreati)的所谓骑士队便是军团骑队的实例。

水师也由两部分组成：一部分船称作利布尔纳[③]，另一部分是武装帆船(巡洋用)。骑兵守卫平原；水师保卫海洋和江河；步兵坚守高地、城市、平坦地和悬崖峭壁。由此可见，国家最需要的是步兵，因为它守卫的地域最大，而这支庞大的队伍所消耗的东西却最少。

“队伍”(exercitus)这个名称的由来缘于其自身的基本作业，即队列训练(exercitium)，这可使它永远不会忘记为何以这一名称称谓的要义。[④]

步兵也分成两类：辅助部队和军团。辅助部队一般由具联盟(socii)关系或者条约(foederati)关系的部落派出。罗马人特有的那种英勇无畏的精神通常而且主要由正规军团来体现。“军团”一词来源于 e-ligěrs(选拔)，这个词的涵义本身要求募兵者必须具备

① 这是古罗马著名诗人维吉尔在他的12卷史诗《埃涅阿斯纪》中的说法。

② 称“火舌”的都是小旗。

③ 俄英两种译文对此词的处理均取音译，汉译随之，其缘由请参阅本书卷五之第三节。

④ 这段文字英译本中无。

忠诚和勤奋的品德。一般说选入辅助部队的人数较少，而进军团的人要多得多。[①]

二、马其顿人、希腊人和达达尼人，总的说来都排方阵，而且每个方阵要部署8000名武装军士。高卢人、克尔特伊比利亚人，乃至大多数蛮族人在交战中每一方阵也常常要使用6000名武装军士。罗马军团一般有6000名战士做军事勤务，有时还会更多些。

现在我按照自己的观点来表述一下在军团和辅助部队之间有些什么区别。

辅助部队在开赴战场时来自不同的地方，人数不一样，他们之间先前没有什么联系，训练不同，彼此并不熟悉，习俗也不一样。他们的作战方法不同，使用的武器各异。如果在交战之前共同战斗的各部队之间差异太大，要夺得胜利自然不会那么容易。再则，既然在征战中全体军士的运动和队列都必须按统一的信号和命令执行，要是过去大家从未在一起相处过，更谈不上十分默契地联合行动过，也就很难协调一致地去执行这些命令。可是，即便是这样的队伍，只要迫使它们天天用各种课目进行强化训练，不出一年，也能取得明显的效果。辅助部队总是作为轻装兵配属于军团的战斗队列，在交战时与其说主要起配合作用，不如说是一支快速支援力量。

① 本节在英译本中的标题是Organization of the legion（军团的编成），内容相应于俄译文稿卷二之第一节。

军团自身则有若干个重装的全建制大队，也就是有主力兵、剑矛兵、后备兵，以及类似于轻步兵的先头部队，即标枪投手、弓箭手、投石手、弩炮手的队伍；还有属于自己编制的军团骑兵。他们执行同样的命令，团结友爱，协调一致地构筑营地，操练兵阵，实施交战，在各方面都是完整一体的，不需要任何外部的支援，——这样的军团通常能够战胜任何兵力的敌人。伟大的罗马帝国便是证明，它就是依凭这些军团浴血奋战，打败了不计其数的敌人，这些敌人是经过选定的，有的则是形势提供了与之交战的机遇。①

三、有些部队至今仍然称作军团，但由于对过往年代的轻蔑，军团的坚强的实力已经衰败。当年人们获奖是因为英勇善战，而今则靠耍阴谋，施诡计；当年军士得到升迁是因为他们能吃苦耐劳，如今则是徇私情。再，在统帅的侍从们服役期满后，按规矩发给服役证书，打发他们回家；留下的空缺不再安排别人。有些人由于体弱多病不适于服役，理应退伍；另一些人开小差或者因各种偶然事故而丧命。若此，不要说是每个月，就是每一年也没有多少年青的新兵来补充军团的缺额。因此不管原先的部队何等的人多势众，从员额上讲它已经开始在萎缩了。军团人数之所以越来越少还有另外的原因，那就是它们的任务艰巨，武器沉重，责任重大，纪律严明。许多人争先恐后地往辅助

① 本节在英译本中的序号应是2—2，标题为 Differences of legions and auxiliaies（军团与辅助部队的区别）。

部队跳槽，也是因为那边的劳务轻松，而获奖的机会倒反而更多。

著名的老加图，作为军人在战斗中无往而不胜，他担任执政官期间常常率军亲征，他认定，唯有撰写一部兵书，才算为国家谋求更大的福祉。理由是英勇行为只能在一代人中留下记忆；能写出为国家造福的东西来，则可以流传千古。许多其他的人也仿效加图著书立说，尤其是弗龙蒂努斯，他的力作备受圣明图拉真所嘉许。对他们的教诲，对他们的训示我将务求表述得简明、准确。

维持一支军队，不管你是殚精竭虑还是怠惰疏懒，都要支会同样的费用。至高无上的奥古斯都皇帝①，如果由于您的旨意而使整军经武的强固秩序得以中兴，使您的先王们的瑕疵得到弥补，那不仅对于当今时代，而且对于未来世纪，都将得益匪浅。②

① “奥古斯都”一词原有宗教涵义，意为“诸神推崇之人”，后成为罗马帝国元首和皇帝的称号。这里的“奥古斯都”是指本书呈献于的那位皇帝。公元284年戴克里先登上皇位，改元首制为“多米那特制”（即君主制）。他让马克西米安主管帝国西部，驻跸意大利北部的米兰；他本人则主管帝国东部，坐镇小亚细亚的尼科美底亚（今土耳其的伊兹米特），两人均称“奥古斯都”。293年两位共治者各任命一名助手，称为“凯撒”（副帝），分别治理部分地区。这就形成了“四帝共治制”。同时规定，“奥古斯都”在20年任期届满后交卸职权，让位于“凯撒”；两位“奥古斯都”将其属下的“凯撒”收为养子，并将女儿嫁给“凯撒”，以期用血缘婚姻关系保持世袭统治，防止非法篡位和宫廷政变。这种多帝同朝共治的制度延续了很久。下文（本卷第五节）“当皇帝一接受奥古斯都的帝号，他就是尽善尽美，体现神的意志的代表……”亦此义。

② 本节在英译本中的序号应为2—3，标题是 Causes of decay of the legion（军团衰落之缘由）。

四、所有的史学家都认为，每一位执政官在出征伐敌时，不管对方兵力多少，他所率领的部队总不会超过两个军团，最多配属若干盟邦的辅助部队。这是军团训练有素的反映，也是他们对自身充满必胜信心的表现。他们认为，有两个军团完全足以应付任何一次战争的需要。我将根据军事法规范来叙述古时军团的编成。如果这一叙述略显晦涩或者不那么流畅，我也不该受到责备，那是这个题目本身难度实在太大所致。因此，对于这一篇记叙应当反复多次地读，专心致志地读，务求全面理解，牢记在心。无疑，哪一位皇帝确能把握兵法精髓，使他的军队不论多寡都能善战，那他的国家必将无敌于天下。

五、如此说来，只要我们能够精选到既富勇敢精神，又有强健体魄的年轻的新兵，能坚持四个月或者更长时间的天天训练，那就能遵奉我们战无不胜的君主的旨令，幸运地在他的领导下组建起我们的军团来。一旦军士们的皮肤上烙上无法去除的标识，就可将他们登记注册，随之要让他们立下誓言，这叫军人誓辞。他们要以神、基督和圣灵的名义，以皇帝陛下的名义起誓，陛下是除神之外人类尤其应当尊重和崇敬的对象。一旦皇帝接受"奥古斯都"的称号，他就是尽善尽美、体现神的意志的代表，他的臣民就应当对他表示忠诚和崇拜，就应当为他做出殚精竭虑的效劳。无论是普通百姓还是军士，只要他们认定谁是按照神的意志实施统治的，他们就会像为神服务一样地服务于他。如是，军人们宣誓将竭尽全力去做皇帝命令他们做的一切，将始终坚守岗位，为了罗马帝国的利益视死如归。[1]

六、一个军团有十个大队。第一大队在人员数额和素质上都要优于其他大队。编入这个大队的男子在出身和教育程度方面都是优秀分子。它荣持鹰帜,这是罗马军团的主要旗帜,同时也是整个军团的军旗。它是帝王们形象的纪念标志,也就是真正的神圣的军旗。这个大队有1150名步兵[2],132名穿着铠甲的骑兵,素有"千人大队"(cohors miliaria)之称。它是军团的主体,当需要投入战斗时,布阵就从它排起。第二大队由555名步兵、66名骑兵组成,称作"五百人大队"(cohors quingentaria)。第三大队也有555名步兵和66名骑兵,通常要求这个大队的人员特别强壮,因为他们的位置在兵阵中央。第四大队由555名步兵和66名骑兵组成。第五大队也是555名步兵和66名骑兵,编入第五大队的也必须是坚定强壮的军士,因为和配置在右翼的第一大队相对应,第五大队在左翼。这五个大队构成第一排。

第六大队有步兵555名、骑兵66名,编入该大队的年轻的新兵应是精锐力量,因为在第二排里它的位置就在鹰帜和帝王图像后面。

第七大队由步兵555名和骑兵66名组成。第八大队由步兵555名和骑兵66名组成,它的建制中应有无畏勇士,因为在第二

① 俄译文稿第四、五两节在英译本中合为一节,序号2—4,书中所列小标题是Organization of the legion(军团的编成)。

② 第一大队的步兵人数英译本作1105名,这个数字应是对的,因为1105+555×9=1105+4995=6100(人),请参阅本节之最后一段。

排里第八大队位居中央。第九大队由步兵 555 名和骑兵 62 名组成。第十大队也由步兵 555 名和骑兵 62 名组成，通常该大队也由优秀战士编成，因为在第二排里它配置在左翼。

骑 兵

主 力 兵(重步兵)

剑 矛 兵(重步兵)

韦 利 特(轻装散兵)
后 备 兵(预备兵)

图 2-14 典型的大队队形

整个军团就由这样十个大队合成，总人数为步兵 6100 名，骑兵 730 名[①]。在一个军团里不会出现少于这个员额的情况；有时，如果有命令不止建立一个千人大队的话，那么征募的人数就会大于以上的员额。[②]

① 英译本此处骑兵的总人数为 726 名。十个大队骑兵的总人数按计算应为 132＋66×7＋62×2＝718(人)。如除第一大队外，其余九个大队均为 66 名，则骑兵总人数是 132＋66×9＝726(人)。这与英译本的数字相符。

② 本节在英译本中序号 2—5，书中所列小标题是 Duties of cohorts(大队的职责)。

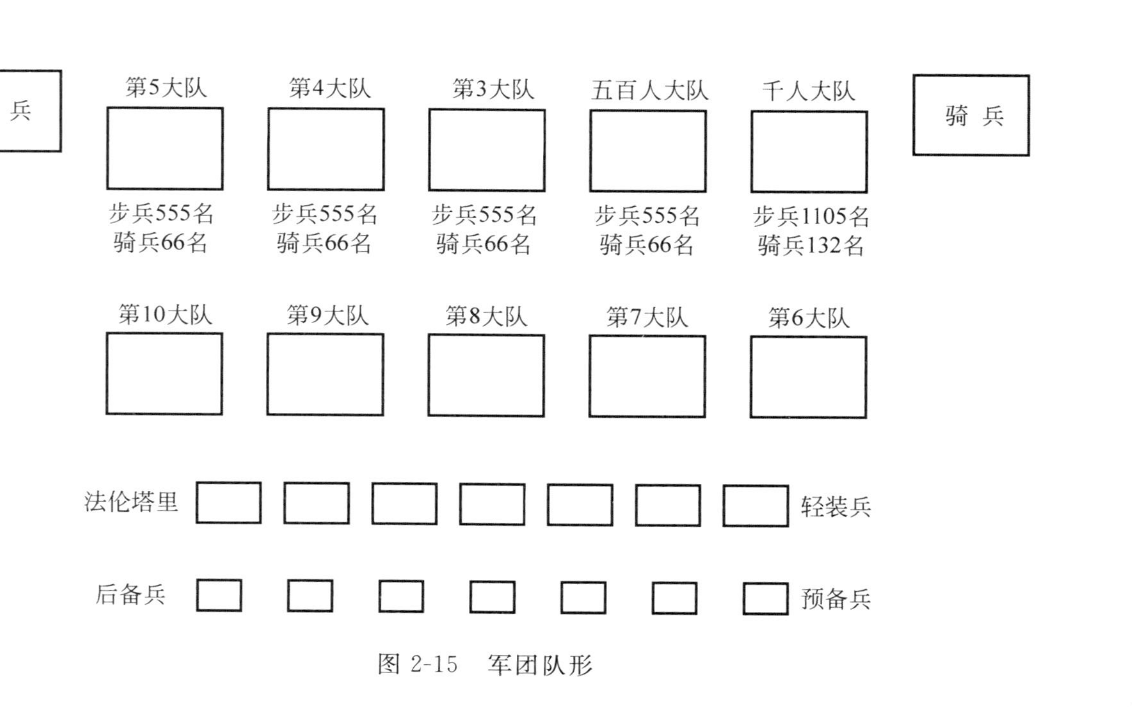

图 2-15 军团队形

七、在叙述过古时的军团编成之后，如今我要按照现行的官阶表来讲讲主要的武职人员的称谓和他们的职位问题。我所使用的都是他们自身的名称，以“主力兵”（的高级军官）为主。

一级保民官，由皇帝遴选，以特别委任状任命。二级保民官，按年资获此职。保民官这个官号来源于民这个字，因为由他们统率的军士原先都是由罗穆卢斯从民众中挑选出来的。

“先锋将军”是表示他们在会战中要率先带领队伍投入战斗。

“奥古斯都阿尔”是由奥古斯都配属给先锋将军的军官；与此相仿，“弗拉维阿尔”则是由弗拉维乌斯·韦斯巴芗配属给军团的，（按官阶）他们似乎是“奥古斯都阿尔”的副将。

图 2-16　大将军、主帅

图 2-17　武巡使、副官长

执鹰帜者称为鹰帜手;执帝王头像旗者称帝像旗手。

承继官一词由动词 adoptare(立嗣,过继)派生而来,缘由是如果他们的长官病倒了,通常便由他们作为类似于嗣子或者代理人一般挑起全面领导的担子来。

执旗帜(signa)的人称为旗官。如今也有管他们叫龙标手的。

号牌官是到各营帐去宣示“号牌”的人,所谓“号牌”即统帅的命令,部队凭此去执行某项任务或开赴战场。

“坎比根尼”(campigeni),亦即先进官(antesignani)的称谓,表示这些军官能身先士卒,以他们的不懈的努力和英勇精神,使练兵场上的训练得以改善。

标识手(metatores)是先行官,负责为安营扎寨选址。

“贝奈费阿尔”的称谓表示这些人的升迁是靠保民官对他们的青睐。

掌秤官负责将应该发放给军士的薪饷登记入账(libri)。

号手、司号兵、号角手通常用吹奏喇叭(tuba)或弯曲的铜管器和兽角(cornu, bucina)传递交战开始的信号。

军中的双饷者(duplares)是指领取双份粮饷的人;只领取一份粮饷的叫单饷者(simplares)。测地官在军营中丈量地宽,以便安置营帐抑或在城里物色驻军营房。

双链佩戴者(torquati duplares)和单链佩戴者(torquati simpares)。较重的金链是对无畏者的奖赏;谁要是赢得这种金链,除去荣誉之外,有时还能领取双份粮饷。

双饷者和一份半粮饷者。双饷者领取双份粮饷;还有领取一份半粮饷的。此外,还有候补双饷者和候补一份半粮饷者。

所有这些都是(主力兵中)享有特权的高级军人;其余的则称为差役军士(munifices),因为都要承担某种差役责任。

八、古老的传统俗成,由军团第一中队(primo principe)出一名一等百人队长(primi pili),他不仅要站在鹰帜前,而且要指挥4个百人队,也就是第一排的400名军士。他作为整个军团的头领,享有相应的荣誉和特权。再,剑矛兵的第一名百人队长指挥第二排的两个百人队,即200名军士,如今称作双百人队长。第一大队(主力兵)的百人队长(princeps)指挥1.5个百人队,即150人,他

图2-18 旗标执仗者

负责使军团一切有序。依此类推，剑矛兵的第二名百人队长指挥1.5个百人队，也是150人。后备兵的第一名百人队长领导100名军士。如是，第一大队的10个百人队由5名先锋将军率领。在古时，赋予他们很大的特权和荣誉，因而整个军团的其他的军士无不千方百计地以勤奋和对事业的忠诚竭力去争取这一奖赏。过去还曾有过管辖独立的百人队的百人队长，如今他们被叫做百人长。还有管10个人的十人长，如今称营帐头目。第二大队有5个百人队；同样，第三、第四直至第十大队都是5个百人队。整个军团总共55个百人队。

九、皇帝往各部队派遣总督，他们大多担任过执政官。在和平还是战争的问题上，军团也好，辅助部队也好，都得听从他们的决策。现今，众所周知，他们的位置已由作为军队统帅（magistri militum）的高位人士占据，而且每位总督不是指挥两个，而是指挥着更多的军团。但实际上主宰一切事务的乃是具有一级高级将领头衔的军团长。当总督不在时，他作为其代理人享有最高权力。保民官、百人队长和其他军士都得执行他的命令。口令以及警戒或开拔的指令由他下达。如有军士做出违法犯纪之事，须经军团长核准由保民官去对之实施惩戒。全体军士的武器、马匹、被装、粮饷全部由他掌管。部队的纪律是否严明，军团所属步骑兵的训练是否坚持不懈全都取决于他的号令和处置。作为高级统领，他只有秉公执法、殚精竭虑、严于律己，才能使交付于他的军团达到至善至美的境地，以不懈的努力培育起军团（对事业）的忠诚，以及熟练地掌握诸般技能；他深知，部属的英勇也就是长官的荣耀。

十、营舍长，尽管官位稍低，但所从事的工作十分重要。他要负责营帐的配置和安排，确定壁垒和壕沟的长宽高矮（深浅）。士兵的帐篷和住棚，乃至全部行李和辎重都要经他认可方能安置。此外，病员、治疗病员的医生，以及（与此有关的）开支均由他统管。他尚须关注车辆、驮兽，以及锯砍木材、挖沟垒墙、铺设水管所用的各种铁器工具；要使原木、禾秸不致短缺，使攻城槌、射石器、弩炮和其他投掷器具完好无损。这个位子通常要挑选符合以下条件者充任：有长年从事军务的资历，富有经验，善于把本身先前曾光荣

图 2-19　百人队的统领，百人队长

地做过的一切传授给别人，并为大家所公认是合宜的人选。[①]

十一、军团还有一批杂役人员：木匠、石匠、车匠、铁匠、彩画工及其他建造冬季营房住棚的工匠师傅。他们制造各种机器、木塔以及攻占敌城、守卫自己的城池所不可或缺的用具装备。他们之所以长年留在军团为的是便于制作新的车辆、器具和各种投射兵器，也是为了便于修复遭毁坏的器材装备。还有制作盾、铠甲、弓的作坊，作坊内也做箭镞、标枪、头盔和各种各样的兵器。最主要的是防止军营里出现部队所需要的任何东西发生短缺的现象。军团甚至还配备有钻地兵，这些人恰似魔鬼一般善挖地道，能一直挖到城墙脚下，又能突然从城墙那一头冒出地面来，进而夺下敌人的城市。所有这些人的顶头上司便是工匠长（praefectus fabrorum ）。[②]

十二、我已说过，一个军团有十个大队。作为“千人大队”的第一大队，应由财富、出身门第、教育程度、外表仪容、勇敢无畏诸方面均无可挑剔的成员组成。这个大队的首领必须是具备精通军事，有强健的体魄，英勇无比，道德品质高尚等条件的保民官。其余大队的首领或者由军事保民官，或者由别的高级将领担任，但都要经过皇帝恩准。这些保民官和高级将领对军事训练抓得很紧，不仅强制他们的部下天天在他们眼皮底下坚持操练；由于他们本

① 俄译文稿的第七、八、九、十共四节，在英译本中合在一节，序号 2—6，书中所列小标题是 Officers of the legion（军团的各类军官）。

② 本节在英译本中的序号为 2—7，书中所列小标题是 Praefect of the workmen（工匠长）。

身在掌握武器方面都是强手，便常常亲自示范，以此激励将士仿效。如果他们的部下衣装整洁，武器擦拭得精光锃亮，无论实践和学理都训练有素，这就说明他们能够体恤部队，治军有方，便会受到嘉奖。[①]

十三、鹰帜是整个军团的主要旗帜，由鹰帜手执持。每个大队的龙标手高举龙旗（带有龙的图像的旗帜）投入战斗。古人知道，交战时队列和队形很容易出现混乱和无序状态。为避免此类现象发生，他们把大队划分成百人队；每个百人队都有自己的旗帜，旗帜上标有一定的字母，表示该百人队属于哪个大队，是第几百人队。看到这样的旗帜，读到这些字母和标记，军士们无论在怎样的困境中都不致同自己的战友散失。更何况百人队长（如今称百人长）[尤其是穿着铠甲的武士长]是受命要卸下脸甲指挥自己的百人队的，这样比较容易认出他们，不至于发生差错。因为几百名军士跟随的不仅是他们的旗帜，而且还有在头盔上具有某种标志的百人队长。同时，百人队是按营帐编配的，一个营帐住 10 个人，由一名十人长（decanus）指挥，十人长亦称“卡普拉尔”（营帐头目）。这种编制也有叫小队的，他们是肩并肩地拼杀的单位。[②]

十四、在步兵，[这种建制]称百人队或中队；在骑兵，则称骑

① 本节在英译本中序号 2—8，书中所列小标题是 Tribune of the soldiers（士兵的保民官）。

② 本节在英译本中序号为 2—9，书中所列小标题是 Centuries and ensigns of the foot（百人队和步兵的旗帜）。

队。每支骑队由 32 名骑手组成，指挥官称骑队长。一名百人队长，在其旗帜下指挥着 110 名步兵；一名骑队长，在他的旗帜下统领着 32 名骑手。

百人队里被选中的头领应该是力大无比，身材魁梧，擅长灵巧而有力地投掷标枪和长矛，熟练地掌握剑术和操盾术，精于使用兵器；他警觉性高，能吃苦耐劳，机敏，随时准备执行命令他、交待他的一切任务；善于使他的同帐战友遵守纪律，激励他们认真操练，关心他们是否穿戴整洁，武器装具是否完好无损，保养周到。

骑队同样需要如是挑选骑队长，以便使属下信服。首先，他应机警敏捷，能够在穿戴全套护具，携带全副武装的情况下，出乎众人意料地突然跃身上马，而且能稳稳地坐正在马背上；他应当能熟练地使用长矛，具有百步穿杨的技能；还必须善于教会自己属下的

图 2-20　鹰帜手，一般都是骑士出身

骑手马战中所要求的全套本领，强使他们经常擦拭自己的铠、胄、标枪和头盔，保持整洁完好。闪闪发光的兵器尤其足以使人丧胆。如果一名军人手中的武器由于保护不经心而蒙满尘土、污垢和铁锈，谁会承认他是一名优秀的军士呢？不只是对骑手，就是对马匹也需要坚持不懈地加强训练。所以说，人和马的健康和训练应当是骑队长十分关注的大事。[①]

十五、现在我认为有必要以一个军团为实例说明一下，在一场不期而至的会战之前应当怎样部署兵阵。这是因为，如果照事态发展的进程必须这样做的话，那么这种实践对于许多军团来说也许同样是有用的。

骑兵应当配置在两翼。整个兵阵应从右翼的第一大队开始部署。紧靠着第一大队的是第二大队。第三大队居中央位置。它旁边是第四大队。第五大队在左翼。在兵阵前和各面旗帜周围（主要是第一排）作战的称主力兵（前排兵）。这些都是重装兵，因为他们都有头盔、甲胄、护腿、盾，以及称作“大砍刀”的重剑和另一种轻一些的叫做“中砍刀”的剑；他们的盾上挂有 5 枚铅球，当他们第一次冲击时就将这些铅球投掷出去；每人还配有两枝标枪，一枝较长，枪尖是铁制的，呈三棱形，长 0.75 英尺，连枪杆在内全长 5.5 英尺，这种标枪也叫长矛（pilum），如今则称枪。军士们都得专门练习投射，因为投射本领高超而有力便能使投出去的兵器穿透步

① 本节在英译本中的序号为 2—10，书中小标题是 Legionary troops of horse（军团的骑队）。

兵所持的盾和骑兵所披的铠甲。另一枝稍短,枪尖也是铁制的,长约 0.4 英尺,连枪杆在内全长 3.5 英尺,这种标枪先前称短矛,如今则叫铁叉。第一排的主力兵(以及第二排的剑矛兵)[①]要接受使用这类兵器的训练。在他们后面的是标枪投手和轻装兵,现在我们称之为棒投手和盔兵。持盾兵也装备有剑和矛,佩有铅球,这些兵器如今几乎所有军士都有的。弓箭手也戴头盔,着铠甲,佩有剑、箭镞和弓;投石手用投石带和棒投器投掷石块;弩射手用手弩或弓弩(十字弩)把箭镞发射出去。

第二排兵力的装备状况大体上也是如此,其军士称剑矛兵。第二排的右翼是第六大队,紧接着是第七大队。第八大队居中,旁边是第九大队。第十大队在第二排中处于左翼。

十六、最后一排是后备兵,持盾,披铠甲,戴头盔,腿部带护腿,佩剑(中砍刀)和铅球,有两枝标枪。他们在队列中取跪姿;一旦前排战败,他们的出场犹如开启一场新的会战,提供了取胜的希望。

全体前排兵和旗手,甚至步兵穿一种较轻便的铠甲(loricae),戴的头盔上盖着熊毛皮,以吓唬敌人。百人队长所穿戴的铠甲、头盔,所持的盾都是铁制的,上面还镶有银制的冠状物,那是为了便于自己人辨认出他们的身份。

① 作者在这里所述军团兵阵三排部署的次第(第一排主力兵、第二排剑矛兵、第三排后备兵)是公元前五世纪时的排列法。自前 5 世纪末前 4 世纪初起主力兵改在第二排,列于剑矛兵之后,请参阅卷一第二十节之脚注①,第 69 页。

十七、有一件事情应当明确，而且要千方百计地遵奉：在交战之初，第一排和第二排的队伍要岿然不动，后备兵甚至要坐地伫候。而标枪投手、轻步兵、棒投手、弓箭手、投石手，也就是所有的轻装兵则向前冲去，同敌人接战。如果他们能使敌人溃退，便追击之；反之，若因敌人人数众多，来势凶猛，而致我方败北，则即时返回并转到队伍后面去。此时，重装步兵便挑起恶战一场的重负。依我所见，他们就应当像一堵铜墙铁壁屹立于敌阵之前，不仅要用投掷兵器进行战斗，而且要操剑展开白刃格斗。如果敌人败退，重装步兵不予追击，以免己方战斗队形和兵阵发生混乱，也可防止敌人杀回马枪，使我陷于无序状态的部队遭受损折而溃败。对于败逃之敌可由轻装兵以及投石手、弓箭手和骑兵实施追击。军团有这样的部署，且慎重接战，可避免履险，赢得胜利；一旦出现败势，也仍能保持部队的完整。对于军团来说，不轻易退却，也不鲁莽追击，乃是要则。①

〔十八、〕为了使军士们在会战失利的情况下不致与同帐战友失散，各大队在盾牌上画有不同的标记，他们自己将这些标记称作护符，这种做法一直沿袭至今。此外，在每个军士的盾的周边都用字母书写着他们的名字，并兼有所在大队或百人队的番号。

由此可知，组织精良的军团宛若一座真正的城池，固若金汤。

① 俄译文稿的第十五、十六、十七三节在英译本中合在一节，序号 2—11，书中所列小标题是 Legion in order of battle（军团的布阵）。

它随时随地具备着为交战所不可或缺的一切条件，对敌人的突然出现毫不畏惧；即使在旷野里也能迅捷地挖沟掘壕，为自己设防；在其编成中有操持各种行当和使用各种武器的人才。[①]

如果确有人想要在为国而战中击败蛮族人，想要在上苍保佑下，遵照战无不胜的皇帝陛下的旨意去募选新兵重新组建军团，但愿此辈为此进行虔诚的祈祷。其实，青年军士只要经过精心挑选，让他们每天上下午都坚持训练，教会他们善于使用各种兵器，他们便能在短时间内同曾几何时征服过整个世界的老军士们相媲美，即使在兵法运用方面也不会逊色。但愿谁也不必再为这种习俗只存在于过去，如今却已失去现实性而忧心忡忡。您为国家的福祉既能创新，又能复兴古风，这真是陛下的幸运和英明所在。任何事情在着手实施之前都会显得困难重重，但只要负责募选工作的人是懂行的，富于智慧的，那就能迅速地募选到，并奋力训练出一支能够适应战争要求的队伍。只要舍得为作战付出相应的费用，人的聪明才智就足能创造出万般的奇迹。[②]

十九、由于军团所属部门（scholae）繁多，有些部门需要有文化的人才，因而在募选新兵时有关人士理应在测量应征者的身高，了解其体力和精神状态之外，对于某些人还必须因其具有相应的文化知识或掌握计算的技能而允准入选。整个军团的账目，指挥

① 俄译文稿在本节序号十八上加有〔　　〕，说明这段文字非韦格蒂乌斯本人原话，但英译本无此标示。

② 本节在英译本中的序号为 2—12，书中所列小标题是 Names of soldiers inscribed on shield（刻印在盾上的战士的名字）。本节的最后一段文字英译本中无。

官或兵役人员的花名册或各种财务报表都要逐日详细记载，可以说比起对商品的市场价格或者城市的财务运算来要更加细致地在各类总账(polypticha)中予以记明。和平时期，各百人队和营帐的军士都要轮流去执勤，主要是在军营内或在宿营时派出的夜间警戒哨。为了不使某些人不公平地承担过重的勤务，而另一些人则完全无事逍遥，对已经值过勤的人，要将他们的名字登记造册。在这类册本中还要载明谁在何时休过假，休了多少天假。获准休假在当时说来是相当困难的，除非有十分充足的理由。那时候受过训练的军士是不会被派去做杂务工作，也不会让他们去为某些个人当差的。让效忠皇帝而享有国家赐予衣食的军士去干这些事是不合适的，这样的军士是不会为个别人当侍役的。派去为高级官员、保民官，以至将军们当差的军士称作“候补兵”，也就是以后，当军团需要补充兵员时，他们可以正式列入编制；如今这类人员叫“编外兵”(supernumeralii)。不过，凡可以成捆成桶扛抬的东西，像劈柴、干草、水、禾秸等有时也由正规军十搬运进军营，现在他们也叫“勤杂兵(munifices)”，因为他们干的就是勤杂工作。[①]

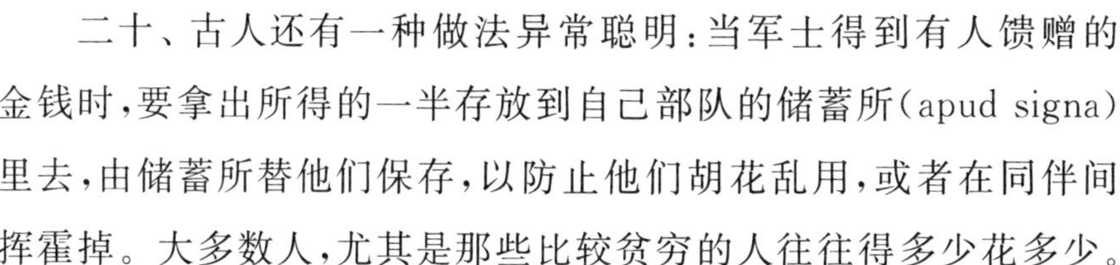

二十、古人还有一种做法异常聪明：当军士得到有人馈赠的金钱时，要拿出所得的一半存放到自己部队的储蓄所(apud signa)里去，由储蓄所替他们保存，以防止他们胡花乱用，或者在同伴间挥霍掉。大多数人，尤其是那些比较贫穷的人往往得多少花多少。

① 本节在英译本中的序号是2—13，标题为 Records and accounts(记事和记账)。

把钱存起来,获利的首先是这些军士自己,因为他们原本都是吃国家供给的,而把额外所得的半数放到储蓄所里,不就增加他们在军营中的积蓄了吗?军士知道在军营储蓄所里有自己的钱,就不会去考虑开小差的事,会更加关心他们的大队,在战斗中会更勇敢地去拼杀;这是完全合乎人的天性的,人会特别关心自己投入财产的事业。

如是,十个大队便设置有十只口袋。口袋里装的便是这些经过核算的铜币。另外还设了第十一只口袋,整个军团把一部分钱存放在里面,这笔钱是作丧葬用的:一旦有某个同伴死了,就从这第十一只口袋中拿出钱来作丧葬费。所有这些开支和账目都保存在旗手的现在人们所称的文件箱里(in cofino)。因此,挑选旗手的条件不仅要为人诚实,而且要有文化;他们应善于妥善保管交付给他们的钱财,还要为每一名军士编造一份细账。①

二十一、我想,罗马军团之所以如是编成,不完全是某些人的独创,而是天意使然。一个军团十个大队的编制,结构成统一的机体,统一的整体。军士们好比在某一个圆圈中运动,在各个大队和各个部门中朝前运动着,就是说从第一大队开始逐级升迁,一直到第十大队;然后随着薪俸的增多、官阶的提升又从第十大队回过头来,经历过所有别的大队和部门再回到第一大队。如是,一等百人队长(primi pili),当他经历过按次第在各大队、各部门(scholas)的

① 本节在英译本中的序号为2—14,书中标题是 Soldier's pay deposits(士兵的储蓄)。

所有指挥岗位供职之后，在第一大队达到了赋予他无限特权的崇高地位，这是军团里其他官员无法与之比拟的地位。禁卫军首领也是经过同样的步骤升迁到这一光荣而丰足的职位的。

军团的骑兵也是如此；尽管同步兵之间有着很大的差异，但由于在战争生涯中有着生死与共的伙伴关系，他们也是相当热爱自己的大队的。故此，军团内部的团结坚如磐石，无论在各大队之间还是步骑兵之间都能保持完全的统一。①

二十二、军团还配有号手、司号兵和号角手。喇叭声起表示军士们应投入战斗，再次响起是表示撤退的信号。每当司号兵的军号吹起，那就不是军士，而是他们的军旗应听其指挥。所以，凡只需军士完成某项任务时，就吹起喇叭；而当需要移动军旗时，则吹起军号；在交战时，则喇叭和军号齐鸣。号角手发出的信号称作“典信”。这种信号是发给高级指挥官的，因为“典信”是在大将军在场时发出，或者要对军士实施死罪惩戒时发出，而这是非要有圣谕才能执行的。

如是，假如军士要去执勤，去巡逻，或者去从事某项工作，或者去野外演习，那么听到喇叭声，他们就应当开始行动；而当喇叭声再次响起时，他们就得停止行动。每当军旗应当开进或者随后又使其静止，将其插在地上时，则由司号兵吹奏军号。在任何一次演习和行军中都必须这样做；也唯有如是，军士们在真正交战时才

① 本节在英译本中的序号为2—15，标题是Promotion in the legion（军团中的升迁）。

能较易于辨清信号并按其行动，才能确知上级是命令他们出战呢还是在原地待命，是前进呢还是后退。这一切的含义不言而喻；但凡交战中必须做到的事情，和平时期都应当经验过、演练过，这已是尽人皆知的常识。①

二十三、在记述过军团的编成和规章之后，让我们再回到训练上来吧，上文我已经提到过，部队这个名称本身就由源于训练(exercitus)一词。年轻的军士和新兵每天清晨和午后都要操练使用各种兵器。老兵和已受过训练的军士尽管每天只训练一次，但他们是从不间断的。无论是年事高或者役龄长都并不意味着就懂得武事。一个军人即使已经服役多年，只要未曾经受过、体验过各种训练，那他始终只是一员新兵。

不仅受教头管辖的人员，就是在军营中生活的其他人员都应当学习使用武器的本领，而且要坚持每天操练。这种武器现在只是逢节假日在竞技场上作展出用。机敏灵活也像打击敌人，保护自己的功夫，尤其是在刀对刀、剑对剑的白刃格斗时的功夫一样，只有通过体力训练才能获致。在学习这些预备作业时，他们还要学习保持队伍齐整，在交战进程中于频繁的运动间能够紧随自己的军旗左右而不散，这一点尤其重要。在训练有素的人员中这类错误不会发生，但在(未经训练的)乌合之众的队伍里混乱无序则是常见现象。

① 本节在英译本中的序号为2—16，书中标题是Music of the legion(军乐)。

图 2-21 号兵

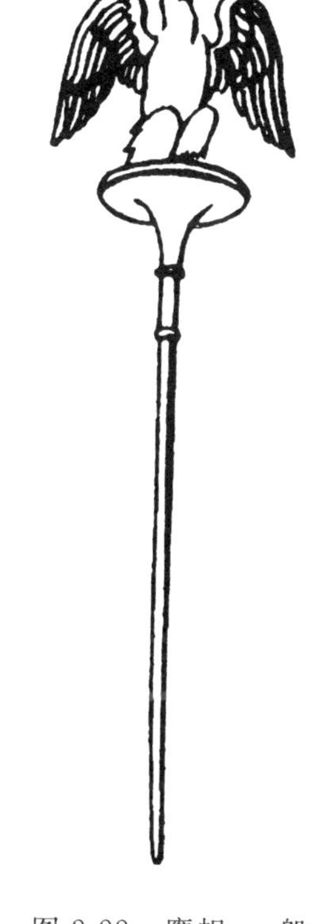

图 2-22 鹰帜，一般为金银制品

图 2-23 中队或班的旗帜

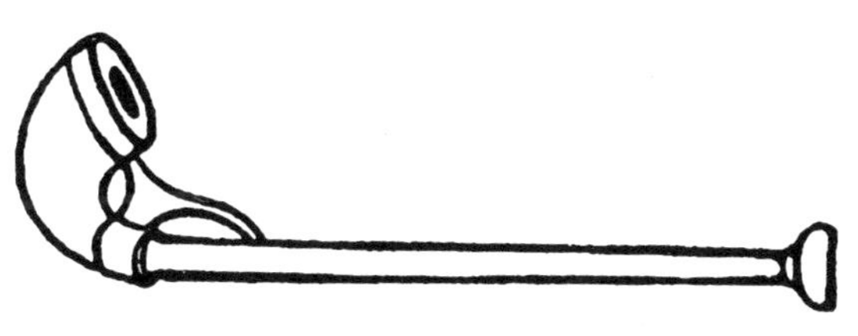

图 2-24 包皮革的木杖号角

图 2-25 号角和兽角；喇叭

再进一步，要用草人，甚至用木桩做靶子进行认真训练，就此向敌人发起攻击，砍劈他的两侧、他的脚、他的头。同时，还要练习跳跃，练习出击，练习用三种方法从盾牌后露头，再重又用其遮挡自身，忽而神速奔跑跃进，忽而倒走后撤。还应当学习从远处朝草人靶投枪掷矛，以求能不断提高和加大命中率和右手的力度。

弓箭手和投石手为此把笤帚插进土里，把树条或者秸秆扎成捆竖起来作目标，常常在距目标600步处用箭或用投石带将石块击中目标。正因为如此，他们在战斗队列中才能有条不紊地做到那种平时在野外经常做的游戏。他们还要学会将投石带在头顶上只旋转一圈便能将石块投掷出去的本领。此外，全体军人都要学习单手投掷小石块（大约一磅重），这种方法比较简便，因为不需要使用投石带。

在日常的不间断的训练中他们还应当学习使用矛和铅球实施攻击；这种训练坚持不懈的程度令人吃惊：即使在冬季，骑兵就在一排排柱廊上，步兵则在类似于大厅一般的房舍内进行训练，柱廊和房舍顶上加盖上瓦片或板条；要是没有瓦片和板条，就用芦苇、苔草或者麦秸做顶盖；在气候恶劣的条件下或者当外面刮起大风时，部队就在这种顶盖下操练如何使用兵器。在冬季的其余时间，只要不下雪，不下雨，他们就应当到野外去训练，以求不让大家的精神和躯体因中止惯常的训练而变得衰颓和虚弱。还常常要强迫他们去砍伐森林，负重，跨越沟壕，到大海和江河里去游泳，全副武装并且带着自己的背包快速行进或奔跑。这样，由于他们平时已养成天天坚持劳作的习惯，战时就不会感到不堪应付了。

不管是军团还是辅助部队，希望他们都能这样坚持不懈地去从事训练。

凡受过良好训练的军人都渴望战斗，而没有经过训练的军人则惧怕作战。

总之，我们应该明了，严格的训练比之兵力的数量在实战中好处更多，因为一个不能熟练地使用武器的军人同普通老百姓毫无区别。[①]

二十四、竞技运动员、猎手、驭手为了一些小利，或者甚至为了赢得人们的爱慕，坚持每天训练，以保持和提高自身的技艺。军人要用双手保证国家的安全，他们就更加应当勤奋地通过坚持不懈的训练完善自身的军事知识，提高自己的作战素养。要知道，他们不仅会赢得胜利的荣誉，而且还能得到大量的钱财。一般说来，使军人得到崇高地位和财富的是这种职务的制度和皇帝对他们的态度。既然舞台演员为了从观众中赢得荣耀坚持进行训练，军人，不管是新兵还是劳苦功高的老战士，他们都曾庄严地宣过誓的，就更应该每天不断训练怎样更好地使用手中的武器。他们必须为自身的安全，为大众的自由而战。说实在的，“业精于勤”这句古老的成语千真万确。[②]

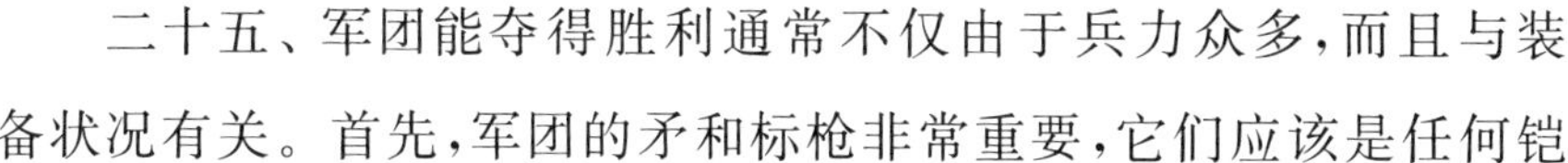

二十五、军团能夺得胜利通常不仅由于兵力众多，而且与装备状况有关。首先，军团的矛和标枪非常重要，它们应该是任何铠

① 本节在英译本中的序号为2—17，书中标题是Drilling the troops(部队训练)。

② 俄译文稿卷二之第二十四节，英译本中全无。

甲和护具,任何盾牌所无法抵御的。

通常,每个百人队都有自己的"弩炮车"。弩炮车配有拉车用的骡子。每个营帐要出一个人,共 11 人为它服务,负责操作使用,乃至修理。这些弩炮车的体积越大,它们投射出去的箭镞的距离就越远。它们不仅负有保卫营地的责任,而且在野战中的位置就在重装步兵身后,无论是穿着铠甲的敌骑兵,还是有盾护身的敌步兵都无法抵御它们的攻击力。一般说,一个军团配备有 55 架弩炮车;也就是说,平均起来一个大队有 10 门"古弩炮"。这些弩炮连同它们的装具都由牛车载着,一旦敌人前来攻营,就可以抛射箭镞和石块,保卫营地。

图 2-26　士兵们在攻城时相互紧靠在一起,将龟甲盾连成一片,以卫护自己

此外，军团的编成中还配备有用整根木材凿成的舟船，外带长长的绳索，有时还有铁链。把这些有人称之为独木舟的船只连接起来，再铺上板子，步兵也好、骑兵也好都能安全地从上面走过去，也就是说能够在没有桥梁的情况下渡过涉水根本无法渡过的河流。

军团的装备中还有扒城钩（人称狼钩子）和绑在长长的杆子上的铁镰头，还有挖壕沟用的双齿铲、平头锹、锨，装土的篮子和筐子。再就是双面斧和单面斧、锯子、砍和锯木料（做防御栅栏用）的木工工具。

军团还编有配备成套工具的工匠，他们负责制作为围困敌城所需的龟甲盾（testudines），为撞开城门所需的掩体（musculi）、攻城槌和遮盖攻城槌的顶棚，以及活动碉楼。

为了避免叙述得冗长累赘，我就不再逐一详解了。我只想指出，军团应当拥有、且随军携带在任何形式的战争中所不可或缺的一切装备。这样，位于任何地方的军营，即使是条件较差，也能变成一座武装得十分坚实的城堡。[①]

① 本节在英译本中的序号为2—18，书中小标题是 Machines and tools of the legion（军团的装备和工具）。

卷　三

英译本卷前提要

卷三所述系战术和战略，韦格蒂乌斯著作中的这部分内容对中世纪的兵事影响深远。他阐述了有关预备队的使用问题，并认为这是斯巴达人所创造的战法，罗马人是从他们那里引进的。“安排一部分兵力作预备队，比起把部队的正面布列得太宽要强得多”。今天看来这样的指令与当年作者记叙时同样有理。合围追击的问题谈了，地形问题也没有遗漏。“得地利之便较之勇敢无畏尤益”。对敌人的估计务必慎而又慎。“了解敌人的特点以及他们的主力兵军官的特点，至关重要。要摸清他们的性格是急躁轻率还是小心谨慎，是富于冒险性还是畏首畏尾；他们作战时凭老谋深算降敌还是碰运气取胜。”

据古文献记载,在马其顿人之前,世界霸主是雅典人和斯巴达(拉西第梦)人。诚然,雅典人不仅精于武事,而且在其他各种技艺方面也都业绩辉煌;斯巴达(拉西第梦)人则仅限于对战争倍加关注。然而,史家认为,正是他们首先凭借从交战中积累起来的经验,得出某些结论,并将其编著成书的。当时普遍的看法是武事无非是英勇无畏,在某种程度上再加上机遇;而他们则主张要重视作战经验,要研究训练和战术问题。他们提升兵法教官,称之为战术家,请他们教年轻人作战实践和使用兵器的各种方法。这可真是一些非常了不起的奇人!他们希望探究的主要是具有关键意义的战法,舍此其他战法概无以存在。

罗马人正是以他们所定的准则为据,不仅在实际中运用这些作战法规,而且还按照自己的理论著书立说。

战无不胜的皇帝陛下,您命令我这个小人物将散见于诸多的著作家的众多书卷中的内容尽可能言简意赅地叙述出来。细读浩瀚的卷帙令人厌倦;浏览片言只语又恐一知半解,得不出完整的理念。①

拉西第梦人在交战中运用战术取得了怎样的好处勿用细说,只要以克桑提普斯为例即可明了:他孤身一人去找迦太基人,给他们提供援助,那不是兵力和勇气,而是智慧和兵法运用。他彻底粉碎了敌军,将阿蒂柳斯·雷古卢斯生擒活捉,使罗马军队大败亏

① 这一小段文字英译本无。

输，以一次交战的辉煌胜利结束了整个战争。[①] 同样，汉尼拔在准备进攻意大利时，找了一位拉西第梦人作高参[②]。他听从这位高参的计谋，不仅打败了罗马的多位执政官，同时还歼灭了他们的多个军团，虽然凭实力和军队的员额汉尼拔都比不上他们。

故此，谁想控制世界，就要做好战争准备；谁想赢得胜利，就必须刻苦训练军队，要凭借本领和智慧，而不是希图侥幸。谁也不敢向明知在交战中比自己更加强大的对手去挑战，或者对之施加侮辱。[③]

一、我在本书卷一中讲了许多有关募选新兵和对他们实施训练的看法。卷二叙述的是军团的构成和内部管理问题。在这第三卷中将会听到战斗号角的响声。我将在这一卷中谈及作战的全部技巧和制胜的决定因素。如果军团内部规章明确，军士训练有素，那么我在这里所讲述的内容就比较容易被接受，就能带来更多的

① 这是发生在第一次布匿战争中的一段史实。公元前 260 年，杜伊利乌斯统领的罗马舰队，在利帕里群岛海战中，首次战胜安尼巴尔统领的迦太基舰队。此后，罗马人便开始远征阿非利加，以占领迦太基本土。前 256 年，由执政官雷古卢斯率领的罗马军队，在埃克诺穆斯角附近的海战中又重创迦太基人，并在阿非利加的克利比亚城一带登陆。起初，雷古卢斯连连获胜，但到前 255 年，迦太基起用拉西第梦人克桑提普斯，结果罗马人被克桑氏指挥的迦太基军击败，雷古卢斯被俘。此番远征以罗马人失败而告终。但第一次布匿战争至此并未终结，战争还延续了 10 余年。直到前 241 年，罗马舰队在埃加迪群岛附近的交战中再获大胜之后才决定战局。这场延续 23 年之久的第一次布匿战争，在签订了各项条款都有利于罗马人的和约之后结束。

② 据说，此人叫索齐尔，罗马史学家科尔内柳斯·内波蒂的著作中提及过此人，他是汉尼拔的朋友和传记作者。

③ 与前两卷一样，英译本在文前冠有“导言”的标题和“呈瓦伦丁尼安皇帝”的副标题。

裨益。[1]

军队是军团、辅助部队以及骑兵的集合体，它是为实施战争而建立的。军队的规模究竟多大为宜，这个问题当由职业专家来决定。薛西斯、大流士、米特拉达悌等国王都曾将无数的民众武装起来。实际上过于庞大的军队之所以溃败与其说是由于敌人的英勇，倒不如说是出于自身的臃肿。要知道，人数越多，出现偶然性的机会就越多。比如，在转移时由于人数众多，行动就比较缓慢；因为队伍距离拉得过大，通常容易受到敌军即使是小股部队的袭击；在穿越复杂地形或涉水渡河时往往会因辎重转移迟缓而引起混乱；此外，为无数的驮兽和坐骑准备饲料也是一大难事。在任何一次征战中备足粮草决不是轻而易举的，且又必须先行，否则势必会拖住庞大军队的后腿。尽管你花了九牛二虎之力备足了储备粮，终因人数太多，每夫的消费量太大，很快也就耗尽了。人员过多又往往会造成缺水现象。一旦军队返回后方，由于人多，在撤退时不可避免地会有许多人丧命，而那些能够侥幸逃生者也已成了惊弓之鸟，就再无胆量去奋勇作战了。

古人宁愿不要庞大的军队，而要训练有素的精兵，其道理就在于此。这是他们从实际经验中记取的免除上述各种难处的灵丹妙方。在一些不太大的战争中，他们认为有一个军团再加上若干辅助部队就足够了，也就是1万名步兵和2000名骑兵。这样一支队伍通常可由行政长官以等级稍低的将军的身份率领出征。如果预见到敌方兵力众多，则往往还派出一名执政当局的代表，作为高级

① 这段文字英译本中无。

辅佐率领2万名步兵和4000名骑兵去对付敌人。要是许多氏族爆发起义,而气势又十分嚣张的话,必须加以镇压。这时要派出2名将军率领2支部队,他们领受的命令常常是:“着令两位执政官同心合力抑各自竭力奋进,以祈国家免罹祸害。”

总之,在漫长的历史上罗马人曾经在不同的国家跟不同的敌人作战,但不管什么时候军队总是够用的,因为他们认为军队未必要搞得很庞大,但却要有足够的兵源,即使这样,他们始终坚持一条原则:军营之中盟邦辅助部队的员额决不能超过罗马公民的人数。[①]

二、现在,我要来说说部队的医务状况,这是一个值得引起特别重视的问题。这里包括:营地选址、饮用水、季节、医疗服务、训练的形式类别等方面。

所谓选址,说的是营地不应当选在鼠疫流行的地区,不应该选在瘴气弥漫的沼泽附近,也不应该选择太阳曝晒、不长林木、没有植被的地方。

夏季时节,军士务必要宿于帐篷。他们出发的时间要早些,以免遭太阳曝晒和路途疲惫而得病;他们应该在黎明之前就拔营开进,在热气散发之前抵达指定地点。严寒的冬季,最好不要在雪地上和冷峭中实施夜行军。应当使军士们有充足的柴火,并保证他们的衣装能够御寒,怕挨冻的军士不是强壮的人,不适于战事。

军队不该饮用有害的,泥坑里的污水;饮用脏水无异于服毒,

① 本节在英译本中的序号为3—1,小标题是Disposition of action(作战部署)。

不能饮鸩止渴：这会导致传染病。一旦发生此类情状，他们的直接官长、保民官，甚至统帅都要亲自对他们表示始终如一的关怀，以求使患病的袍泽能够由于良好的膳食，并得到杰出的大夫的看护治疗而尽速恢复健康。作战任务的负担已经相当沉重，要是再让疾病去折磨他们，那实在是太不幸了。

有作战经验的官长都晓得，对于军士的健康来说，体育锻炼的功效比之医生的治疗更好。因此，他们希望步兵在遇到雨雪天时也要坚持在顶盖下从事锻炼，在其他情况下就到野外去锻炼，要天天练，坚持不懈。同样，他们命令骑兵连同他们的马匹不仅要经常在平坦的地方操练，而且要到陡峭的、沟沟坎坎的、难以通行的隘路险径上去训练，以便即使在艰难的战斗时刻也不致面对先前未曾经历过的险阻而束手无策。

由此可以结论，军队应当怎样大力地坚持进行军事训练。如果他们在军营生活中对这样的劳作已经习以为常，应付自如，则在同敌人接战时就能赢得胜利。如果在秋季或夏天大批军士在同一个地方停留太久，那就有可能使水质变得浑浊，使他们吐纳的空气受到污染，进而染上危险的疾病。为避免发生此类现象，只好频繁地搬迁驻地。①

三、这一节我要来叙述一下有关军粮、饲料和谷物的准备事项。

有人认为，粮秣不足比之会战失利对军队来说更加致命，即所

① 本节在英译本中的序号为3—2，小标题是：Means of preserving health（保护健康的意义）。

谓饥饿比刀剑更加可怕。假如某些别的物品觉得不敷使用,那是可以就地予以补充或找其他东西替代的;但是,一旦粮秣发生严重短缺,而事先又未有充分准备,那实在是无计可除其害了。在征战中,你手里最有力的武器莫过于使自己方面粮草充足,而陷敌人于食不果腹的境地。因此,在开启战事之先,务须全面进行考究,应有多少储备,消费的需求有多少,以便随后能够及时地把饲料、谷物和其他粮食运到,因为这些物资通常要由行省提供,再将其存放到适合于转运,而且比较安全的地方去,所收储的数量要比计划消费的多一些。要是有保障提供的数量不足,那就提出要求拨款的申请,而且一切都应提前准备妥帖。要明了,在没有武装保卫的条件下,想安安全全地控制财物是不可能的。常常会发生要求你必须付出双倍的消耗的情况,也常有围困的时间比想象的要持久得多的情况,因为敌方即使自己已在挨饿,也不会中止对他们想以饥饿战胜的对方的围困。

一旦敌人入侵,那就必须把所有的牲口,把全部粮食作物,甚至水酒,统统搬运到适宜的有武装人员守卫的工事里去,或者储藏在极其安全的城池里。这些都是敌人可能掠夺去供他们自己享用的好东西。这种事要用敕令的方式实施,要使这些物资的掌有者深信这样做的必要性;有时甚至不得不强制他们这样做。同时还要派出押运队帮助他们转运。对于行省的居民,应当坚定不移地要求他们在敌人入侵之前就把自己家人和所有财物都隐藏在四门之中(城池里)。此前务必要加固城墙,准备各种投射武器。因为等到敌人来了再去做这些事,人们就会因恐惧而陷入混乱;而原本可以从别的城市获得的援助,会由于交通中断而无法得到。只要

图 3-27　驮马

我们的谷仓有可靠的保卫，而且支出有度，加上资源充盈，尤其如果一开始就采取预防措施的话，一般说来军队不致受到缺粮所威胁。可要是到没有什么东西可以收藏的时候再想到节约，那就为时太晚了。

古时，在艰苦的征战中军人的粮食按等级分发的少，按人头平均分发的多。不过，一俟困难时刻过去之后，所有扣除的部分会由国家如数补还给他们的。

应当想方设法做到不使冬季短缺柴火和饲料，不使夏天少水。任何时候都不应当出现缺粮、缺醋、缺酒，尤其不应当发生缺盐的情况。

城市和要塞最好由不太适合于编队列阵的军人去守卫；他们可以用各种兵器，用箭镞、棍棒、弩、投石带、用弩炮抛射出去的石块守卫这些地方。

图 3-28　两轮拉货牛(马)车

要千万防止各行省单纯善良的民众被敌人的狡诈诡计和阴险的许诺所迷惑而受骗上当。常常因为轻信他们假装要谈判、要媾和的诺言而酿成祸害。

在这种情况下,敌人如果麇集到一处,他们就要挨饿;而假如他们分散成小股,则又易于遭到频繁的攻击而被击败。[①]

在韦格蒂乌斯时期,其前及其后,围城的军队攻克一座永备的构筑坚固的城镇时非剪除其抵抗力不可的这种概念,可以从查士丁尼(483～565)统治时期幸存下来的一篇专题论文中得到证实。

① 本节在英译本中序号为3—3,小标题是 Care to provide forage and provisions(关注粮食和饲料的准备事宜)。这以下的一段文字俄译文稿中无,英译本是直接接续下去的,未另起行分段,从内容上看显然不是韦格蒂乌斯本人的文字。下文在奥列弗·莱曼·斯波尔丁的一段引文前后有方括号。

军事工程师觉得他的杰作完全可与建造一座比较坚固的城市的最高水准相当,他提供了一个能够安全实施指挥,充分提供用水,自然也能大量储存食物和埋伏守卫部队的场所。[这位作者也像奥利弗·莱曼·斯波尔丁上校在他的《希腊和罗马的笔与剑》一书中所释义的那样设定:

"为抵御攻城槌,石头城墙的厚度至少要达到8英尺,这就必须挑选坚硬的大石块,要把长出来的部分凿掉,像凿去露头石那样把城墙搞平整。为防止敌人从云梯爬上城头,城墙的高度必须达到30英尺。在一定的间隔处,他还设置有内侧呈圆形、尖角朝向敌人的角楼,城墙顶端有胸墙,外带一个底切部的壁龛,以使在这里值勤的人能躺下休息而不致堵塞旁侧的交通壕。要是堡垒筑在地平面上,那就要挖60英尺宽的明沟,沟深达到其底部稍低于城墙墙基即可。这是防止在城墙上挖洞的一种保护措施。"]

四、有时候,不同地区集结起来的军队会滋扰生事。他们实际上不愿意去作战,却佯装愤懑,质问为什么不让他们参战。这种情形多半由那些在驻地长期养尊处优之辈所挑起。这些人不习惯严格的生活方式,鄙视他们必须在征战中付出的辛勤劳动,而且惧怕交战,因为他们早就荒废了军事训练,如今又铤而胡作非为。

一般说来,这类疾患有许多良方可以医治。当这些部队(未集结前)还分散居住或各自仍留住在原有营房里时,保民官或者他们的副手,以及这些人的直接官长就要极其严厉地强迫他们进行各种训练,要求他们培养坚毅精神和自我克制能力,尤其要服从命令。他们应当不断地在野外进行军事训练(正像他们所称谓的这叫野外狂跑)〔还要经常检查他们的武器是否完好无损〕。这些人不能享有假期,必须随时随地注意对他们下达的命令和发出的信号有无回应。

必须坚持让他们练习射箭、投矛,用投石带或徒手抛掷石块,并全副武装地操练各种动作,以短棍代替刀剑学习劈砍功夫。这些练习应当占据他们每天的大部分时间,直到汗流浃背为止。同样,还应该强迫他们操练奔跑和跳跃,学会跨越沟壕的本领。如果驻地周围有大海或者江河,夏季就应该使全体人员下水游泳。此外,还要强迫他们砍伐林木,在灌木丛中和陡峭的悬崖上开辟通道,把树木削平,把沟挖好,占领一块地方,准备好盾,设法不让同伴们将自己从阵地上撵走。

当这些军人,不管是军团的还是辅助部队的,或者骑兵部队的人员,他们在各自的驻地,经过这样的训练,掌握了这些本领,一旦以后从各个分队集结到一起去征战时,很自然地就会因一种试比高低的竞争心理渴望早日投入战斗,而不愿再过没有战事的宁静生活。一个在心中对自身的功夫和实力充满信心的人是不会考虑滋扰生事的。

从另一方面讲,军事长官必须谨慎从事。在保民官、他们的副手和基层指挥人员的协助下,他应当获知在军团里、在辅助部队或者骑兵兵营里哪些人是不安定分子和好生事分子,这一点他必须据实明察,而不是轻信告密者出于妒忌的谗言而定断。对于不安定分子和好生事分子,军事长官应有先见之明,应让他们离开军营,派他们去执行看来他们乐意去做的事情,比如,加强并守卫要塞和城市。军事长官这样做的时候应力求乖巧,要让他派出去的那些人心里觉得他们是专门被挑选出来的,因而深感荣幸。就大多数人来说,大家齐心一致地决意要破坏秩序,那是从来也不会的,但他们有时会受到少数人挑动。而这少数人就是希望只要大家都来为他们的罪过分担责任,他们就能躲避为他们的恶习和罪行应受的惩罚。如果说极有必要建议采取强有力的方法的话,那最正确的措施便是照先人的习俗严惩少数罪魁祸首,以收杀一儆百之功效。

有些将帅善于通过做艰苦的工作,加强训练的途径将队伍整治得井然有序;而有的官长则一味用惩罚威慑迫使军士驯从就范,相比起来前者理应受到更多的称道。①

五、在交战中,战士们需要细听许多命令和信号,因为那是正在进行生与死,成功与失败的斗争场合,任何细微的疏怠都不能恕谅。在所有的制胜要素中最重要的莫过于正确地履行所收到的信号。由于在混战中不可能只靠口头命令去掌握人数众多的军队,情况本身又常常要求下达新的命令或者去执行新的任务,于是自古以来各国人民在实践中创造出许多借助于信号得以使统帅认为必须做的事情总能让整个部队知晓进而去执行的办法。

这类信号大致有三种:口述的(vocalia)、声传的(semivocalia)和无声的(muta)。其中前两种是可以听到的,后一种要通过视力。

口述信号由人的嘴巴发出,在警戒和交战时可以表现为口令,

① 本节在英译本中的序号为3—4,小标题是Methods to prevent mutiny(防止兵变的方法)。

像“胜利”、“武器光荣”、“勇敢”、“上帝与我同在”、“皇帝凯旋”等等，在一定时间内由部队的主要负责人确定。但应当注意，这些口令必须每天更换，以避免用久了会被敌人窃知，而便利他们的间谍在我驻地范围内不受惩罚地来回转悠的危险。

声响信号由喇叭、军号或号角发出。喇叭本身便是（铜制）乐器；军号（bucina）也是一种铜管乐器，弯弯的，像一个金属圈儿；司号兵吹的号角大多用野牛角制作，一般都有银镶边。要是会吹，倒也并不费劲，声音还相当悦耳。根据这些乐器的声音部队能够确切地分辨出：是在原地停留，还是向前推进或者后撤〔是追击逃敌还是击退了之〕。

作无声信号的可以是鹰帜、龙旗、各种各样的小旗（vexilla）和手旗（flammulae）[①]、马尾巴、羽毛等等。将帅把旗帜往哪儿指，部属就高举自己的旗帜跟着朝那个方向挺进。也还有别的无声信号，比如将帅在战场上命令在马上或者衣服上，甚至兵器上做上某种记号，以分清是敌军还是自己人；此外他还可以用手势，按蛮族风俗用鞭子或者他穿衣服的特殊动作发出信号。

军士要在驻地、在征战中、在军营训练时学会这一切，以便能够分辨不同的信号，理解它们的含意。当然，和平时期就应该不间断地进行训练，并练就在激战和混战中使用这些信号的全部技巧。

部队行进时掀起的尘土也是常见的无声信号，这种宛若云霞的尘土飞扬，表明敌人已近在咫尺；当部队遭分割时，如果别无他

① 此处俄译文为флажки，是手旗的意思，但括号内的拉丁词 flammulae 意为小火、小火焰。

法传递消息，夜晚可用火焰，白昼就放浓烟为盟友施发信号。也有人在工事或城池的炮楼上竖起杆子，用竖起来、放下去表示他们在做什么，借此作为联络信号。[①]

六、有些对兵事相当有研究的人认为，军队在转移时遇到的危险通常比直接战斗时更大。在接战时大家都携带着全部武器，敌人就在你的对面，看得清清楚楚，双方都是在充分准备之后才投入作战的。可是部队在转移时，军士们一般都轻装，他们的注意力不那么集中，一旦遭到突袭或者预设的埋伏，会立即显得惊慌失措。因此，将帅应当十分认真、十分细心地预见到可能出现的情况，力避行军途中遭袭击，要是真的发生这种情况，也能较易于将其挫败，而不致受损。

因此，官长首先应当有经精确绘制的战场地形图(itineraria)，上面不仅要标明从一地到另一地的步数(距离)，而且要使官长一看就能精确地了解道路状况。要把那些按比例微缩了的路径、所有的交叉路口、山峦、河流都标示得很醒目。这是非常重要的。一般认为，凡有先见之明的将帅身边都带着他们作战地区那些省份的地图，这些图不仅仅是标有若干个记号，而确确实实是认真细致地绘制而成的。有了这样的地图就可以不只是凭理念的推断去选择方向，而是从图上能完全看清他们准备行进的那段路的走向。此外，将帅应当掌握每一个细节，亲自去向受尊敬的熟悉地形的智者单独请教，仔细询问。为了断定真实的程度，搜集情报要广泛，

① 俄译文稿卷三中的这第五节在英译本中全无。

接触面要宽，力求所掌握的材料准确无误。

再，〔在有走错路的危险时〕务必事先找好合宜的熟悉道路的向导，要有人看着他们，向他们讲明两种选择：要么受奖，要么受罚。如果他们能明白他们是逃跑不了的，只要好好完成任务，他们将受到嘉奖，而背叛意味着死路一条；如果他们能懂得这一点，就会是很有用处的人。还必须判定，这些向导都是干过这一行的，是有经验的行家。要避免因两三个人出差错而使大家陷入绝境。还应当记住，缺少经验的乡巴佬有时很会说大话，总是要人相信他知道许多实际上并不知道的东西。[①]

最最重要的预防措施是口风一定要紧，一定不要让任何外人知晓部队将去的地方和所走的途径。在征战中加强保密措施是确保安全的最佳手段。所以，古人在军团里都供奉弥诺陶洛斯的雕像。[②] 这意思是要表明将领要像在内心深处同根本无法接近的迷宫中供奉的这个牛头人身怪物一样，把他的计划深藏不露才是。

其实，顺着敌人认为最不可能的路径运动反倒是比较安全的。当然，由于敌方派出的侦察人员会探听到我方队伍的行动；或者仅属猜测，也可能曾为他们所目睹；有时也会出那么几个逃跑者和背叛者。这时就要立即决断，该用什么方法去挫败他们的企图或者采取何等样的反措施。

---

① 英译本至此成一节，序号应是 3—5，小标题为：Marches near the enemy（在敌人近侧行进）。

② 俄译文稿在此处有一脚注："普林尼在《自然史》第十卷第 4 节中也讲过这一点。由于这里讲的军团是前马略时期的军团，所指的不知是不是一般的公牛塑像（一种图腾），这在古代艺术中是常见的。"我在书末的注解中将对弥诺陶洛斯另作介绍。

在将帅准备率领他的部队开进前，最好派出最忠诚、最精灵、最细致的人骑上上等的马匹去察看前方的地形，探明前后左右的整个地势，要躲开敌人可能设伏的地块。侦察人员夜间出动比白昼强。一旦被敌人捕获，这些人员中有的可能会背叛。

先头部队最好是骑兵，步兵尾随其后；辎重、驭兽、辎重兵和车马居中央位置，再配置一部分骑兵和步兵殿后，准备击退来袭之敌。在军队开进时，诚然，敌人有时会从前面实施袭击，但更多的是从背后袭来。辎重要由武装队伍掩护好，因为设伏的敌人往往会从两侧攻击辎重队。要特别重视行军纵队中预料有可能遭到敌人攻击的那一部分，应专门指派优秀骑兵和轻步兵以及步兵弓箭手对其进行加强，以便抗击敌人的袭击。即使敌人要包围整个部队，那也应当准备好兵力从各个方向给以反击。

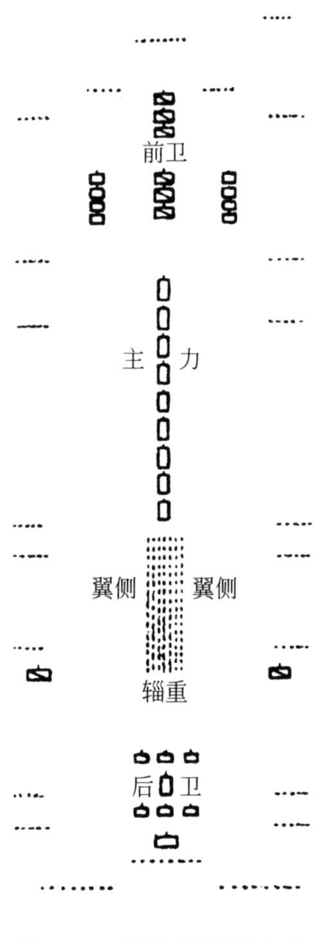

图 3-29　军队的行军队形

为了在这种突然袭击时以及由此而引起的混乱中不致造成大的伤亡，应当提醒军士们保持沉着冷静，把武器准备好。这是因为在艰难时刻突然性会使人震惊，而只要所发生的一切是属设想范围之内的或曾有过预见的，那就不致引起恐慌。古时的著作家曾特别强调指出，要是负伤的辎重兵(有时会有这种事情)害怕了,驭畜叫喊不迭开始表现出不安了,此时作战部队决不应受到惊吓,他们的队伍不能稀拉,不能拉开得超过正常的距离,也不要无端地挤成一堆,以免影响自己的行动,给敌人提供机会。这就是为什么他们在运送辎重时也要像正规军一样,举着旗帜的缘故。辎重兵现如今称"加利阿里",从中挑选富有经验的称职的人士,分拨给他们近200匹驮畜和一部分驭手。要为他们备足饲料,让大家都知道某一部分辎重应该随哪一面旗帜行进。走在前边的战士要与辎重拉开一定的距离,以求发生交战时不致因队伍过于密集而使辎重蒙受损失。①

当部队行进时,要根据不同的地形变更护卫的方式。比如,在开阔地上通常是骑兵,而不是步兵来袭;而在森林、山坡或沼泽地带则应多注意防止步兵的袭击。尤其要力避由于管理不严有些人急匆匆朝前挺进,另一些人则慢吞吞掉在后头,因而出现队伍脱节或者稀拉现象。而敌人是会毫不迟疑地插入这些空隙的。

据此,应当委派一些富有经验的督军、副将或者保民官,他们既要能使性急的人放慢速度,又要能激励那班过于懒散的人尽快行进。其实那些走在头里距离拉得太远的人,一旦遭到袭击,往往只能朝前奔跑,而不会转身回来的;而那班远远掉在自己队伍后面的人,则既可能被敌人的部队击溃,也可能垮于自己的绝望情绪。

还应当明了,敌人在他们认为有利的地点会隐蔽地设伏,或者公然发动攻击,直接投入战斗。为使这种隐蔽的埋伏不致造成祸

① 英译本至此又成一节,序号应是3—6,小标题为:Routes kept secret(行军路线要保密)。

害，将帅应对此表示关注，这就必须事先把一切都研析透彻。使人措手不及的埋伏要是本身也遭到包围，那它同样是十分危险的，甚至比它为对方准备的险境更险。

如果敌人企图在山坡地上直接用兵实施攻击，那就应该派出一支小队去抢占制高点，好让逼近过来的敌人看到他们是在低处，因而不敢继续冒进，因为他们已经看清在他们当面和高处都有武装的部队防卫着。要是没有险情的道路路面狭窄，那么就应派一些军士带上斧钺前行，不管有多大困难，要把这条路拓宽，这总比想省力走好路而遭到危险要强。

我们还应当熟悉敌人的习惯：通常他们在什么时候发动攻击，是夜间还是黎明时分，或者善于对正在休息的疲惫的对手实施攻击，要竭力打乱他们的习惯做法。与此同时，我们还要探明他们的主力是步兵还是骑兵，是标枪投手还是弓箭手，他们在人数上是否占优势，武器是否精良。我们应当设法把一切都搞得对我有利，于敌有害。还应该仔细盘算，什么时候出发为好，是白天还是夜间；离我们急于去的地方有多远的路程；在途中，夏天要设法保障用水，冬季要避免难以通行，甚至根本无法通行的沼泽地或者水量很大的溪流。在这种难走的路上部队很可能在到达原定的目的地之前就遭包围（甚至被歼）。

如果说能否做到上述各点足以反映我们的随机应变能力和兵法掌握运用达到何种程度的话，那么我们能否捕捉住敌人因经验不足和失误为我造成的有利时机大加发挥，同样是至关重要的大事。我们务必要竭力洞察一切，把敌人营垒中的背叛者、逃跑分子都拉到我们这边来。通过这些人可以准确地了解敌人当前在想些什么，下一步准备怎样行动。我们应当让骑兵和轻装步兵随时做好准备。当敌人分散开去寻找他们所短缺的饲料和食物时，以猝不及防之势向他们发起突击，在其极度恐吓的情况下击败他们。[①]

七、在涉渡江河时，疏忽大意常常会造成巨大的灾难。如果水流很急，如果河道很宽，那对于辎重，对于辎重兵来说很可能就是他们的葬身之地；有时一些比较迟钝的战士亦难免丧生此处。故此，应当寻找比较浅一点的滩头；一旦找到，那就把备有上等马匹的骑兵分成两排，两排之间留出一段距离，好让步兵和辎重通过。第二排要顶挡水势，第一排负责救护被水流卷走或冲倒的人，把他们转送回部队。要是河水太深，无论步兵、骑兵都无法蹚水过去；但水流经过的地方若较平坦，那就可以开沟挖渠，让河水分出许多支流来，如是也就能够比较容易涉渡过去了。

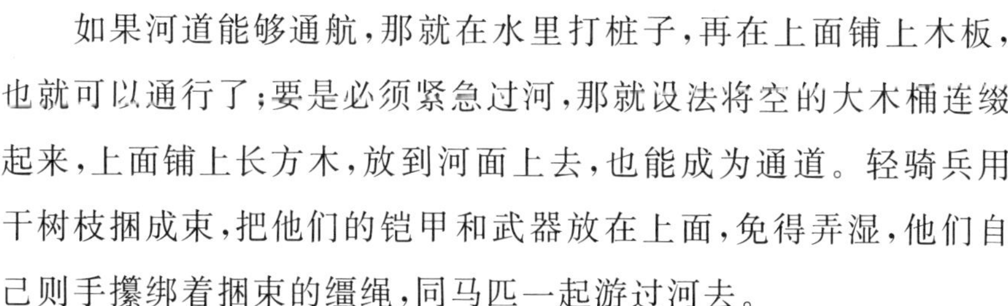

如果河道能够通航，那就在水里打桩子，再在上面铺上木板，也就可以通行了；要是必须紧急过河，那就设法将空的大木桶连缀起来，上面铺上长方木，放到河面上去，也能成为通道。轻骑兵用干树枝捆成束，把他们的铠甲和武器放在上面，免得弄湿，他们自己则手攥绑着捆束的缰绳，同马匹一起游过河去。

不过，一般认为，更好的办法是部队用车辆载一些独木舟，就是用单根树干凿成的稍宽一些的小船。由于木材本身的种质，加

① 英译本至此的一节序号为3—7，书中小标题为：Defensive measures vary（防卫措施之应变）。俄译文稿卷三之第六节包括英译本卷三之第5、6、7三节，它们各有自己的小标题、俄译文稿提要为本节所标题目是“部队在敌人知情条件下转移时应采取怎样的预防措施”。

之船体制作得细而又长，这种独木舟十分的轻巧。与此同时，事先还要准备一些面板和铁钉。如是，很快就能搭起一座便桥。由于这桥是用专门为此准备好的绳索连起来的，在短时间内其牢固性未必比石拱桥差多少。

由于敌人往往会在这样的渡口布置伏兵和实施突袭，应当在河流两岸都部署武装警卫小队，以防被河道分隔成左右两块的部队遭到攻击。但更可靠、更安全的措施是事先把栅栏布好（即修好工事）。当敌人真的发动攻击时，就能凭借这一设施，从两岸顶住来犯之敌，使我军免受损伤。如果这桥梁不仅为了单程通过，而且返回时，甚至运送给养时都要使用，那就要在桥的两头挖掘宽宽的沟壕，构筑路堤，而且还要指派军士守卫。这些军士应当始终扼守住桥头两端的工事，直到这里的事态允许他们撤守为止。[①]

八、当我叙述过在行军途中应予提防的事情之后，现在要把话题转到军队应该停留的营地的设置上来了。战时军队未必能常常遇到四周由城墙护卫的城池作为临时休憩或长期驻守之用。从另一方面讲，军队如若在一个没有任何防御工事的地方停留，那实在是太冒失，也太危险了。担负备粮任务的军士常常要分头到各地去筹措征集，因而很容易遭到设伏之敌的袭击。对方有漆黑的夜幕作掩护，而军人总不能整夜不寐，尤其骑兵的马匹又往往会分散在各牧场上。这些时候都正是对方实施突然袭击的有利时机。

① 本节在英译本中的序号应是 3—8，书中小标题为 Passages of rivers（涉渡江河）。

建立营地时仅仅选一般条件尚可的地方是不够的，那必须是附近这一地区内最最出色不过的所在，否则由于我们的疏漏把最好的地方叫敌人占去，我们就会蒙受损失。应当关注夏天切莫离有害的水源太近，而离好水源过远；冬季不要找缺少饲料和柴火的地方和在突发暴风雨时容易发生水淹的地方；在陡峭的山崖上和道路难以通行之处都不宜建营，因为万一遭敌人围困，便难以突围脱身。那地方要以敌人从稍高的地方掷射过来的标枪和箭镞落不到为好。

谨慎细致地采取所有这些措施之后，就可以根据地形特点布设正方形的、圆形的、三角形的或者长方形的营地了。其实勿须过于考究营地的形式，要注重实用。但一般认为长度超过宽度三分之一的模样是更加中看的。营地的面积应由测地人员丈量，他们懂行，对部队的员额心中有数。要是窄了，守卫者会觉得拥塞成堆；如果宽于实际需要，人员就会布得太散。兵事专家提出过三种筑城方法。

首先，当只需宿营一夜，或者在途中只需占用简易营地时，就铺上一排排铲下来的草皮垫上土就行了。但要围上栅栏，也就是打上比较稠密的木桩子，或者布上捕兽器（渠答[①]）。草皮要用铁锹去铲，草皮由草根和土紧连在一起，每块草皮切成厚半英尺，宽

① 英译本在这里有一个注："一种有四个尖的器具，其中三个尖扎入地面，第四个尖必朝上仰。和如今被广泛应用的反坦克障碍物极其相似。"渠答在我国古时也是一种御敌器具，其另一称谓叫"铁蒺藜"。《六韬·虎韬》中有："狭路微径，张铁蒺藜，芒高四寸，广八寸，长六尺以上"；《汉书·晁错传》则有"高城深堑，具蔺石，布渠答"之句。另可参阅本卷第二十四节（第165页）有关捕兽器的阐述。

也半英尺，长一英尺大小。

如果土质松疏，无法铲切草皮，那就设法围上类似于（砖）墙一般的工事，而且要快速地挖出 5 英尺宽、3 英尺深的堑壕，其后再在堑壕的内侧垒上土堤，这样部队就能稳稳当当地在里面休息。这是第二种方法。[①]

要是长期驻守的营地，无论是夏季还是冬季，如果与敌人两营对垒，那就必须非常谨慎，而且要费更大的力气。各百人队按督军和基层长官的分配能得到一片经过丈量的空间去布营。他们放好自己的盾，把辎重安置在自己的旗帜周围，腰间别着剑去开挖 8 英尺[②]、11 英尺、13 英尺不同宽度的壕沟。要是怕敌人太强，也有将壕沟挖到 17 英尺宽的。通常壕宽总成奇数。随后就垒土堤，为了不使堆土坍塌下来，要用木桩或树杆、树条加固。[③]

土堤上要构筑雉堞，要有箭窗，就像真的城墙一般。这项工作由百人队长轮流监看，每挖 10 英尺换一次班，这样不至于因某些人的偷懒而将壕沟挖浅、挖窄了，或者出现别的差错。经心的保民官会到各处去巡视巡视，其中最勤勉的一直要坚持到工程竣工才离开。为了防止正在作业的人受到突然袭击，所有的骑兵和未有担任作业的步兵（这些都是头衔较高的享有特权的人士）都要全副武装地站立在壕沟正面，作好战斗准备，敌人真要来袭，便将其击退。

其次，还有一件大事，就是在营地里找一处地方将旗帜竖起

① “这是第二种方法”一句，俄译文稿中无。

② 英译本此处为 9 英尺，似可信，下文有“通常壕宽总成奇数”一句可作印证。

③ 英译本至此自成一节，序号应为 3—9，书中小标题是 Rules for encamping（设营规则）。

来。在军人眼里没有任何东西比他们的军旗更应受到敬重，更加伟大的了。

在此之后，要为统帅和他的随从设置营帐；也要为保民官们安排营帐，并让专门为此指派的杂役兵为他们准备用水、柴火和饲料。接着再按等级为军团、辅助部队、骑兵和步兵分配营地。

每个百人队要指定4名骑兵和4名步兵担任夜间警戒。考虑到一个人整夜值岗很难始终保持高度警觉，夜间警卫队分4个班次，用水漏计时，夜间值勤的时间每班不超过3小时。所有的哨兵都按司号兵的号声上岗，按号角声下岗。保民官要挑选一些最合适的、最富经验的人去查哨，他们能够发现什么地方出了差错并及时报告。这些人被称作“哨监”。如今这已成为一种武职，称巡哨官。担任夜间警戒的骑兵要到营地墙外去执勤。白昼，如果营地设置好了，有些军士一早就去值岗，另一些人员则在下午去上岗，这取决于人和马的疲劳程度。

长官的首要任务之一是密切注意部队是否已进驻营地，或者已在城里；要使牲畜的放牧，谷物和其他粮秣的输送，用水、柴火和饲料的供应能够确保安全，不致遭到敌人的袭击。为此只有依靠在我们的运输队行进的沿途，选择合适的地点，把武装小队部署在工事里、城里或者有围墙围起来的堡垒里。如果沿途没有现成的旧工事，那就应选择合适的地点，迅速构筑小型堡垒（castellum），挖掘宽阔的壕沟将其围住。Castellum是Castra（营地）的小称，是外来借用词。在这些作为警卫哨所的小型堡垒里，应驻有一定数量的步兵和骑兵，他们的任务就是保护为我们运送粮秣的道路畅通无阻。当敌人得知在他们前后左右都有对方的兵力在防备时，他们未必会下决心到这些地方来。[①]

九、我的这些有关兵法的简要陈述是以相当权威的典籍为基础的。任何认为值得一读这些简述的人想必都急切地想知道决战是怎样设定的。两军正面冲突往往不过两三个钟点的事，此后败北一方就会丧失斗志。因此，必须事先对一切都考虑周全，而且要在事情走到这种命定的状态之前就把一切都安排妥帖。优秀的将帅从来不会到正面开战时才去谋划如何杀伤或者惊扰敌人，而又保存自己的兵力不使遭损。这些措施应该提前秘密设定才是，因为一俟正面开战对双方来说履险的程度是等同的。这一点古人以为至关重要。我现在就来加以阐明。

对于统帅来说，最有效、最高明的招数是从全军中挑选懂得兵法而又是大智大勇的人；一定要革除一切阿谀奉承之风，在战时此风危害至极。要经常同被挑选出来的人谈天，谈论敌我双方的情况，谈论哪边的人多，是我方多还是敌方多；谁的装备精良，补给充足；谁的军士训练有素；谁在艰苦条件下更加英勇无畏。应该剖析明白，哪一方的骑兵更出色，步兵又怎样，要认识到军队的实力在于步兵。对于骑兵要弄清楚，哪一方在弓箭手方面占上风，谁在箭镞方面更强；哪一方穿铠甲的人数多，哪一方的铠甲质量好；谁的马更耐劳。最后，还应当搞清楚战场的地形条件对谁有利，是有利于我还是有利于敌。如果我方骑兵值得夸耀，那我们所期希的战

① 俄译文稿卷三的第八节含英译本中的 3—9 和 3—10 两节，3—10 在书中的小标题是 Defensive works（防御工事）。

场应该是平坦的原野；如果我方的步兵的实力较强，那我们就应当选择狭窄的，有壕沟、沼泽地纵横交错的地方，选择那些长满树林和岗峦起伏的地形。还应该分析谁的给养准备得充足，谁在这方面不敷；这一点十分重要，有人说饥饿是自身内部的敌人，常常能不用刀、不用剑地使你吃败仗。

当然，主要的问题还在于判明是迅即投入战斗还是作必要的拖宕更有利。有时候敌人期盼尽快结束战斗，要是长时间地拖宕下去，他们会因兵力不足而疲惫不堪，或者因思念亲人而跑回家乡去。由于毫无战绩可言，沮丧情绪有时也会使他们躲藏起来。这时候，沉重的负担，孤寂的境遇，致使许多人忧悒地离队而去。有的人甚至会成为叛徒，另一些人则可能投诚过来。当种种不幸接踵而至时很难再说什么忠诚不忠诚了。于是，来时人数众多的队伍渐渐地减员而稀疏起来了。

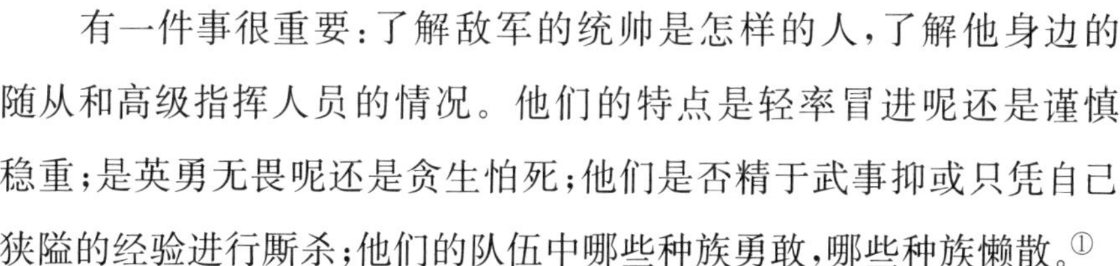

有一件事很重要：了解敌军的统帅是怎样的人，了解他身边的随从和高级指挥人员的情况。他们的特点是轻率冒进呢还是谨慎稳重；是英勇无畏呢还是贪生怕死；他们是否精于武事抑或只凭自己狭隘的经验进行厮杀；他们的队伍中哪些种族勇敢，哪些种族懒散。①

我们还必须了解，我方的辅助部队的忠诚程度如何，它们的实力怎样；敌军的士兵怎样，我军的情况又怎样，哪一方在期待胜利方面更具信心。〔通过此类调研有可能使精神振奋起来，也可能使精神沮丧下去。在那些滋长着悲观失望情绪的部队里，统帅充满

① 英译本至此成一节，序号应为 3—11，书中小标题是 Motives for plan campaignoperation（战役实施计划的主旨）。

激情的言辞足以使顽强奋战的劲头大增。只要统帅自己神采奕奕，无所畏惧，那他的部队一定会朝气蓬勃。当利用埋伏或者某种有利态势建树了某项卓著的功勋，而使敌人开始陷入灾难之际，或者能从敌人中选中较薄弱的或装备较差的一部击而胜之，这时就最能明显不过地证明上述论断之正确了。〕

要谨防让一支动摇不定和惊慌失措的部队随意投入正面交战。你的部队是由新兵组成的还是由老兵和有经验的军人组成的，这支部队不久前刚征战过还是连续几年沉溺于和平环境之中，这是大不一样的：那些长年不参与交战的人也可以认为与新兵无异。如果军团、辅助部队和骑兵是由各地汇聚拢来的，优秀的统帅就应当为各部队委派经过精选的富有经验的保民官，先让他们去训练部队使用武器的各种方法，再将大家集合到一起，亲自对之实施教练，就好比他们已面临实战那样。还应当亲自不断地使他们感受到他们掌握兵事技艺的程度，他们的体力已有多少增强，能否赋予他们使命，能否准确地按号音的命令、信号的指示以及他的口头指令，甚至他的一个简单的示意去行动。如果他们在某个方面出现差错，就让他们继续进行练习，直到掌握自如为止。而如果他们真是在操练步法、射箭、掷矛、保持队形诸方面都已表现相当好的训练水平即使在这种情况下也还是不能突然地让他们投入实地战斗，而是要在胜利把握较大的条件下让他们参战。在此之前还应让他们经历一些规模较小的交战。

如是，一个警觉的、镇定自若的、聪明的将帅由于能密切注意自己的部队和对方的部队的一切情况，他就会像法官处理发生民事案件的双方之间的矛盾那样作出判断。假若他能够断定，在许

多方面他确已超过敌人,那就应立即投入于他有利的交战。一旦发现敌人强于自己,就要力避正面战斗。要知道即使部队人数较少,实力较差,在突然袭击和设伏时,由于统帅指挥得当通常也是能够赢得胜利的。[①]

十、任何一种技艺、任何一种劳作,若不经历日复一日、坚持不懈的磨炼,断难达到炉火纯青的程度。如果说这是一条规律,那么不管事情大小,它都是正确而适用的。兵法高于一切,因为它要维护的是自由和国家的尊严,保护行省的安全,捍卫整个帝国的稳定,对此谁又能置疑呢?[②]

曾几何时,拉西第梦人,随后是罗马人舍弃了所有其他的学问,唯兵法是尊。蛮族人至今仍以为值得珍惜的只有兵经之艺而已。他们深信,余者无不系连于此,借此能够获致一切。兵经之艺对于准备争战的人来说至关重要,它能帮助你保全生命,赢得胜利。

因此,既然将帅被授予如此巨大的权力和高位,那么国人的命运、捍卫城邦的责任、军士的生命、国家的荣誉等等都维系于他的忠诚和勇敢;他就不仅应当关注整个的军队,而且应当关注到每一个具体的士兵。因为一旦士兵们真的在战争中发生什么不幸,那便是他作为将帅的过失,也是国家的损失。

故而,要是他所率领的部队是由新兵或者长期未参加过战斗

---

① 俄译文稿木卷之第九节含英译木中的3—11和3—12两节,3—12在书中的小标题是Improving morale(增强信心)。

② 俄译文稿第十节的这开头一段话,在英译本中是3—12的最后一段。

的军士所组成，他所应当竭力关注的就不仅是各军团和辅助部队，甚至也应当关注某些基层部队的兵力状况以及他们的情绪、习惯等等。他应当尽可能地熟知他的助手(comes)、保民官，他的随从，乃至普通的士兵，要叫得出他们的姓名，摸透他们的脾性，了解他们在战争中能发挥怎样的作用。他应该为自己赢得崇高的威望，同时表现出严格治军的气势。对于犯有军事过失的人必须依法惩治，其中的任何人都不要奢望得到宽恕。无论何时何地他都应当努力作出榜样，不徇私情。

有了这样一套严格的管理制度，当敌人分散开去掳掠抢劫，在各处逍遥自在游荡的时候，他就可以派出富有经验的骑兵或步兵，带上那些新兵和脱离军务较久的人一起，在十分有利的条件下去袭击敌人。这样做既可以增长他们的才干，又可以提高众人的勇气。他还应当善于在渡口、陡峭的山崖上、狭窄的森林小道旁以及沼泽间难以通行的路边设伏，不使任何人窥见其中奥秘。[①]

在作战时机上他应当巧作安排，使我方处于已做好一切战斗准备的状态，而敌人此时却正在开饭或者睡觉或者休息，他们的部队正在悠然自得，脚上连鞋子都没有穿，活脱一副刀枪入库、马放南山的景象，真是毫无戒备。在这般情况下作战，我军一定信心十足。但是，久未看到或者从未见过怎样负伤、怎样杀死人的军士，一旦身临其境，亲眼目睹这一切，是会受到惊吓的；他们脑子里考虑的往往是怎样逃跑多于怎样战斗。

① 英译本至此自成一节，序号应是3—13，书中小标题为Handling raw and undisciplined troops(新兵部队与未经训练的部队之管理)。

当敌人来袭时，我们的将帅则应该以逸待劳攻击那些因长途跋涉而疲惫不堪的队伍，或者出其不意攻击敌人的后方，可以调动部队突然出现在对方意想不到的地方，还不妨率领一支精悍的小部队去收拾敌方那些出外寻找饲料或掳掠百姓因而远离队伍的散兵游勇。可以由这些做法做起。万一不成功，也不致造成大的危害；要是结果良好，就会有很大的帮助。聪明的将帅善于在敌人之间制造纷争。任何一个民族，哪怕是很小的民族，只要内部不发生自相残杀的状况，是不会被敌方灭尽的。这是因为内战引起的仇恨会燃起人们消灭对手的欲望，而疏于对公众利益的卫护。

在这部著作中，我一直在尽力倡导一种思想，即任何人都不应该对如今我们能否达到先人们曾经达到过的程度持悲观绝望的态度。也许有人会说："已经有多年了，谁也不再去挖壕沟、垒土堤，把部队准备驻留的营地圈起来了。"对此应当这样作出答复："如果真能采取这样的防护措施，那无论是敌人夜间的攻击还是白昼的突袭，对我们就都不会造成危害了。"

波斯人效仿罗马人的样子在营地周围挖掘壕沟。由于当地几乎全是沙土地，他们便携带许多空袋子，用沙土装满袋子，再把这些袋子一个个摞起来垒成土堤。蛮族人则用他们的大车在自己周围摆成一个大圈，就像一座筑有工事的营地。他们在里面安详地过夜，不用担心会遭到突然袭击。[①]

这是怎么回事呢？难道我们害怕学习人家从我们手里学过去的东西吗？过去，这些东西都是众所周知的，实际生活中是这样做

① 英译本至此又成一节，序号是3—14，书中小标题为 Attacking the enemy（击敌）。

的，书本上也是这样写的。后来所有这一切全丢弃了，谁也不这么办了；和平生活一派繁荣昌盛的景象使学习武事的必要性淡漠了。可是，我们能够用实例证明恢复已经不再实际应用的那些知识是完全可能的。

古时，人们有时也会忽视对武事的研习。起初这种研习能以恢复得益于书本的教诲，后来又依靠将帅的威望。西庇阿·阿非利加努斯收编了在其他统帅领导下不止一次被打得溃不成军的西班牙军队。他严格执行规章制度，强调纪律，强迫大家挖战壕，从事各种劳作，又反反复复地对他们进行训练，再三告诉他们，如若不想沾上敌人的鲜血，那么你在挖掘战壕时就应浑身上下盖满尘土。后来，他就是率领着这些部队攻下努曼蒂亚城，烧死所有的居民，令之无一幸免的。在阿非利加，原来由阿尔比努斯率领的一支部队曾蒙受过很大的屈辱①。后来梅特卢斯接过指挥权，严格贯

① 这事发生在公元前2世纪初的朱古达战争中，当时统治努米底亚的国王朱古达很能对付罗马军队的统帅们，每次他都通过收买、贿赂等手段使战事平息下去。公元前110年初，罗马军队在执政官奥卢斯·波斯图米乌斯·阿尔比努斯统率下重又开进努米底亚。据传，阿尔比努斯也被朱古达收买了。他在返回罗马时任命自己的兄弟阿夫尔为副帅。阿夫尔深入努米底亚腹地冒险进军，朱古达把他引进沙漠，趁黑夜袭击并占领了罗马军队的营地。阿夫尔·波斯图米乌斯被迫同朱古达签订和约，罗马人必须撤出努米底亚全境。夜袭后幸存下来的罗马士兵没有穿上衣，没有拿武器，从山岗上走下来。走在前面的是一群以阿夫尔为首的罗马军官。阿夫尔也是半裸着的。罗马人垂头走着，不敢抬头看望在四周肆意嘲笑他们的敌人。罗马士兵缓缓地走向轭门，两支标枪插在地里，第三支标枪横绑在上面，这就叫做轭门，因为它很像驾牛用的牛轭。每一个半裸着的人，弯着腰困难地从标枪下面钻过去的时候，努米底亚人都发出一阵阵大笑声。在最后一名罗马士兵钻过轭门，努米底亚人已看够了这个热闹场面之后，波斯图米乌斯被允许带走他的军队。十天之后，努米底亚境内就再没有一个罗马士兵了。这便是罗马人蒙受的一次奇耻大辱。

彻古时的规矩，使这支队伍彻底改变面貌，终于打败了强迫他们承受屈辱的人。辛布里人在高卢歼灭了西庇阿和马利乌斯[①]的军团；盖犹斯·马略收编了这些部队的残部，教他们作战的技巧和方法，并同他们一起在一次大战中击溃了无数的辛布里人、条顿人和亚布隆人。不过，激励新募选来的军士的勇气比之让受过惊吓的人恢复这种勇气要容易些。[②]

十一、对比较一般的武事规则作过这些导言式的概要叙述之后，武经的叙论程序要求我转到实战本身及其难以捉摸的结局上来，转到决定民族和人民的命运这个时日上来。会战较量的结果维系着全局的胜利。这时候统帅应当全神贯注，集中精力；巨大的荣誉期盼着勤勉奋进者，严重的危险威胁着怠惰懒散者。这时节你所获得的经验的意义，你在武事经略方面的作战素养，计划之明晰精确，以及指挥中是否镇静沉着等等，这一切都将清晰地充分表现出来。

古时，军士在投入战斗前，通常要适度地让他们进食，酒足饭饱的军士胆子更大，会战持续时间长久也不会因饥饿而感到乏力。

如果只能在敌方能目视的情况下将部队带出营地或城池，那也应当注意到在我军从狭窄的城门洞里出来时，尽管敌人已经集合起来，且已有所准备，但是要知道他们是连我们那些较弱的兵力

① 英译本在马利乌斯之后还有一个名字：西拉努斯；俄译文稿中无。

② 俄译文稿本卷之第十节含英译本的3—13、14、15三节，3—15在书中的小标题是Restoring ancient discipline（恢复古时的课目）。

也并不曾战胜过的事实。如是,应当关注的问题主要是:若要出城,必须在敌人趋近过来之前先将自己的部队布好阵。要是敌人以严整的兵阵趋近过来,而我方仍居于四墙之内,那时将帅要么推迟出战,要么佯装城内有大军设伏,以求敌人开始朝我方骂阵时一边心里还在作着我军是否不准备出城来的揣摩;或者当敌人开始掳掠,或者开始后撤,他们的队伍由此而出现混乱时,则可令我方精兵突然冲出城外,猝不及防地向他们扑去。长时间地行军会使军士疲惫,骑兵也会因骑马过久而疲劳,要防止强使军人疲惫不堪地投入大会战。在艰苦跋涉之后还要想厮杀,必定会损兵折将。精疲力竭的队伍即使兵阵布得再好,又何济于事呢?这在古人来说也属禁忌。古人是力避如是行动的,而军队本身,不管是古时的还是现今的,都信此不疑。可是我们有些罗马将领往往分不清是非,缺乏经验使他们对此掉以轻心。两军对垒,一边是疲惫憔悴,委靡不振,另一边是生龙活虎,精神抖擞,谁胜谁负岂非不言自明。①

十二、临战之前,务必尽量摸透将士们的心绪。切莫过于相信新兵渴望战斗的说法。会战对于没有打过仗的人似乎有一定的诱惑力。如果得知,那些有作战经验的人惧战,那此战当展期,这一点务必要把握好。将帅的信心和激励,尤其当大家明了这一场会战的打法能使他们必胜无疑的时候,部队的英勇杀敌的精神定

① 本节在英译本中的序号应是3—16,书中小标题是Preparations for a general engagement(大会战之准备)。

会大大地振奋起来。再则，要指明敌人的弱点和失误；要是对方曾经败在我们手下，对此就要大事宣扬。要讲一些能够激起我军官兵对敌人的仇恨心和使大家义愤填膺的故事。当人们去同敌人拼杀时，所有人员几乎都会十分自然地产生害怕的心理。毫无疑问，有些人会表现得更差，当与敌人正面交锋时，他们的思想会变得慌乱困惑。对这种恐惧心理有一剂良药：临战之前将队伍列阵在安全地带，从这里可以看到敌人，要使大家能够适应这种场景。有时，一旦出现有利机遇，不妨让众人做出一些大胆的行动，比如去追击敌人或者冲进敌群砍杀一番，要让他们了解敌人的特点，了解对方的武器和马匹。须知，对于已经适应了的东西，人们是不会产生惧怕心理的。①

十三、优秀的将帅应当知道，胜利在很大程度上取决于战斗所在地的地形条件。因此，当你准备实施白刃格斗时，一定要首先争得地利之助。一般说，所占地势越高，就越有利。向低处的敌人投矛，力度大，居高一方能更加勇猛地击退敌人，因为后者要朝上攻是相当困难的。在山崖上往上爬的敌人既要克服地形方面的困难，又要对付高处的对手。真是必须付出双倍的劲头才行！

不过，这里还有一点区别：若是你想用步兵战胜敌人的骑兵，你就应当选择坑坑洼洼的多山的地形；而如果你想用骑兵战胜敌人的步兵，那也应当竭力寻找多少有点起伏的地形，但必须是较平

① 本节在英译本中的序号是3—17，书中的小标题是Troops'pre-battle sentiment（部队战前的心绪）。

坦的、开阔的、没有难以或影响通行的森林和沼泽地地形。[①]

十四、布阵之前应当预先关注的因素有三：太阳、尘土和风。阳光直射双眼使人看不清东西；逆风会吹偏和阻滞你投射出去的矛和箭，这对敌人有利；尘土扑面飞来会迫使你睁不开眼睛。当需要排列作战线时，即使缺乏经验的人通常也要力避此类因素的作用。审慎的将帅总应当有点先见之明的本领：拿阳光来说，在一天中可根据日照的不同方向背朝太阳，那就不致危及我方；在战斗中的某一时刻也许不刮逆风。据此，要设法按照顺风背阳的原则来排列兵阵，只要有可能还应当想方设法使敌阵逆风朝阳。[②]

兵阵(acies)是指军队为交战而排列的面对敌阵正面的战斗队形。如果在正面交战中布阵正确，那是很有益处的；而布阵不当，即使富有经验的战士也会由于位置不宜而遭挫败。布阵的规律常常是：第一排布设训练有素的老兵，先前称为主力兵；第二排是身穿护具的射手和携带矛和枪的精兵，先前称作剑矛兵。通常呈直线站立的武装军士之间的间隔为 3 英尺，也就是说在一英里的空间内应有 1666 名步兵呈一线站立着；尽管阵中没有大间隔，但使用武器的地方还是够用的。前排和后排之间的距离(古人)规定为 6 英尺，以便于与敌厮杀时能向前一个箭步，然后又重新跃回原处；因为用矛刺杀时一个箭步蹿上去，其杀伤力要比跑上去刺杀的

① 本节在英译本中的序号是 3—18，书中的小标题是 Choice of the battle field(战场之地形条件)。

② 本节在英译本中的序号为 3—19，书中的小标题是 Order of battle(会战规则)。以下一段关于兵阵的文字，直至第十四节末，英译本中无。

力量更强。

这前两排配置的都是年龄较大、富有经验、佩带重武器的军士。他们站立着犹若一堵铜墙，既不让他们后退，也不要他们追击，这可以使他们不致混乱自己的行列。他们应站在原地，迎击敌人的进攻，通过战斗将敌人击退或者逼迫敌人逃遁而去。

第三排配置的是携带轻武器的战士。他们的行动速度极其迅捷，都是些年轻的射手和优秀的投矛手，过去他们的称谓叫“法伦塔里”。除此之外，还有第四排，也都携着轻武器，手里持盾；还有新兵射手以及能快速投掷标枪和马蒂奥巴布利（如今叫做铅球）的兵士。所有这些人都被称为轻装兵。那时候头两排是稳稳地屹立在那里的；第三、第四排则常常要携带标枪和箭镞前出，以引诱敌人出战。要是他们能把敌人打跑，他们自己就跟骑兵一起去追击；如若他们被敌人击败，就向第一、第二排返退，穿越过前两排回到原来的位置上。而当形势发展到肉搏拼杀时，争战的全部重担就都由第一、第二排承担下来。

第五排有时部署持弩的弩箭手、借助棒投器投石的棒投手和投石手。棒投手是借助棒投器投掷石块的兵士。棒投器有一根长约 4 英尺的棍棒，中间系着用厚皮制成的投石带。棒投器用双手操作，两手先拉紧再放开，就跟投石带一样把石块投掷出去。投石手使用投石带投石。投石带一般用麻绳或者马鬃制成，以马鬃为最好。投掷时用一只手抓住鬃绳在头顶上方旋转。没有配备盾的兵士就在这一排作战，或者用手投掷石块，或者投掷轻矛。过去他们被称作“额外兵”，这是一些比较年轻和随后补充来的兵士。

部署在最后，第六排的是最强的战士，他们持盾，配备有各种武器。古时叫做后备兵。通常他们在最后一排坐地休息，是一支精锐力量，能够非常迅速地扑向敌人，如若前几排发生意外情况，恢复秩序，重整兵阵的希望便完全寄托在这些后备兵身上了。

十五、详细地叙述过应该怎样布阵之后，现在我要来谈谈：这一部署的规模和距离问题了。在宽度为一英里的正面上能部署1666名步兵的兵阵[①]，每个战士之间相隔3英尺。如果你想在一英里的地段上布成6排，那就只需9996名步兵。如果你想把这么多步兵布成3排，则所占正面宽度就应当是2英里[②]。但最好是增多排数，作战线不宜拉得过长。我已经讲过，在每一排之后应当留出6英尺宽的间隔，而兵士们自己所站的位置也得占掉1英尺。所以，如果布成6排，这支队伍就得占据纵深长42英尺，正面宽1英里的地方[③]，而且得有1万名军人。这样算来，要是你有2万或者3万名步兵，在保持如是间距的条件下就能很容易地部署好各排的兵力，将帅知道在这一片空间里一般能布列多少兵士，列阵就不致出现大的差错了。

有人认为，如果地方狭窄，或者实有人数多于需要量，也不妨布成10排[④]，或者更多几排。对于作战来说，列阵紧凑比拉大距离有利得多。因为列阵过于单薄，敌人发起冲击后容易被其突破；一

---

① 英译本的数字是1000步的地段上能部署1650名步兵，在1000步后面还加有一注：约3000英尺。

② 英译本为2000步。

③ 英译本为36英尺深，1000步长。

④ 英译本为9排。

旦突入我兵阵，再想补救就非常困难了。左翼、右翼和中央各部署多少军士合宜，通常要根据他们各自的特长和敌军的状况来定夺。[①]

十六、当步兵布阵时，两翼应配置骑兵，而且要让穿铠甲、持长矛的重骑兵紧挨着步兵并排站立，而弓箭手或者由不穿铠甲的队伍组成的轻骑兵则站得远些。最精锐的重骑兵是用以掩护步兵两翼的，而动作迅疾的轻骑兵则应去包抄敌人的两翼，搅乱他们的阵脚。用自己的哪些骑兵去对付敌人的哪些“骑兵中队”或部队，作为将帅应当成竹在胸。我实在不知道出于何种不可知的原因，也许可以说是出于神灵的惠允吧，我方的某个兵种特别善于对付敌人的某个特定的兵种，而能击败强敌的部队有时却又会败在弱敌手下。

如果你的骑兵数量上不及敌方，照古人的惯例就用经过专门训练的持轻盾的快速步兵去加强骑兵。这种快速步兵称作“韦利特”。敌人的骑兵不管多么强大，要对付这样的混成部队也是无能为力的。〔许多古时的将帅都认为这是摆脱困境的唯一手段，也就是训练出一批善于快跑的青年人去实施这种战斗，在每两名骑兵之间配上一名这样的步兵，手持轻盾、剑和标枪。〕[②]

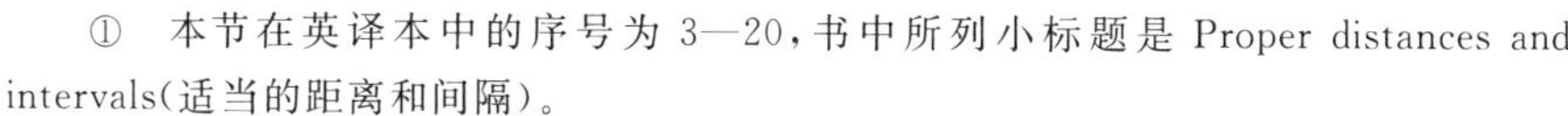

① 本节在英译本中的序号为3—20，书中所列小标题是 Proper distances and intervals(适当的距离和间隔)。

② 本节在英译本中的序号应为3—21，书中所列小标题是 Disposition of the cavalry(骑兵之布阵)。

十七、有一种非常好的方法能大大促进胜利之获取。将帅建立起一支精锐的步兵和骑兵，加上副统领、科米特和免除了指挥职务的保民官组成的队伍，将其置于兵阵后部，或者两翼近侧，或者中央位置。一俟敌人发起猛攻，这支队伍为避免战线被突破，出现在需要加强兵力的地方。他们以自己的英勇善战挫折敌人的锐气。首先采用这种方法的是拉西第梦人，接着迦太基人仿效之，后来罗马人自然也照此办理。无一布阵法能出于其右者。

布阵之唯一目的是击退敌人，将其歼灭。如果你想将楔形兵阵向前推进，或者布成剪形兵阵，就应当在阵后备有补充的队伍。使用这支队伍你就能组成楔形攻势和剪形包围的力量。要是你想实施“锯形攻势”，也应当通过预备队达到目的。如果你动用部署在队列中的兵士，让他们离开自己的位置，那就会使整个兵阵出现混乱。要是敌人有一支队伍攻击你的一翼或者你的某一部分，而你却没有后备兵力去对付这支队伍，你就只好从正面抽调步兵或骑兵，那时候你就会出现顾此失彼的情况。如果你的兵力不充裕，那就宁肯把兵阵布列得短一些，而在你的预备队里保留更多的兵力。如是，会战展开时，正对中央你就能拥有一支由装备精良、训练有素的步兵队伍，你就可以用这支队伍作为楔子，即时打破敌人的兵阵。此外，在两翼你还应当用穿铠甲的持矛骑兵（专用于打破敌兵阵）和轻装步兵组成一支队伍，用以包围敌人的两翼。[①]

① 本节在英译本中的序号为3—22，书中的小标题是 Importance of resereves（预备队的重要性）。

十八、主帅的位置通常在右翼，在步兵和骑兵之间。这位置有利于指挥全军，从这里易于直接而自由地通向各个阵位。他处在两个兵种之间，既便于指挥，又便于发挥自身的权威作用，激励步兵和骑兵更奋勇地投入会战。从这里他可以借助得到轻步兵加强的后备骑兵实现迂回其正面之敌的左翼，插入后方，进而将其击溃。

第二位统帅设位于步兵兵阵中央，负责指挥并加强步兵。他应当从预备队中挑选一部分精锐的装备精良的步兵留在身边，以便必要时构成楔子，突破敌人的兵阵，或者当敌人构成楔子时，能形成“剪刀”，迎击敌人的楔子。

第三位统帅应在左翼。他应当是一位相当勇敢，且颇具眼力的将才。左翼责任重大，是全阵中的关键所在。他身边应当配备优秀的后备骑兵和快速步兵，使用这些步兵能够展开自己的左翼，不使敌人有包抄我左翼的机会。

在双方对阵之前不要发出俗称“大象怒吼”的呼喊声，从老远的地方就开始又叫又喊，那是没有经验的胆小鬼的特点。军队发出这种吼声要同投矛和刺杀相结合，那样才会对敌阵产生更大的威慑效应。

要始终赶在敌人前面将兵阵布好，因为这样就可以从容地选择对你最方便最有利的布势，增强部队的信心，折损敌人的锐气。谁能毅然果断地向对方发出挑战，谁就是强者。当敌人看到对面的队伍布阵严密，他先自胆怯了三分；加之你和你的部队早已严阵以待，备战有序，而他们却尚在列阵，且大有惧色，这就更强化了你那高屋建瓴之势。这时候你已经赢得了部分胜利：战事未启，而已陷敌于慌乱之中；且不说有利条件下的突然进攻或出敌不意的袭击了[①]，任何一个有经验的将帅从不会放过这类有利战机的。会战之所以成功往往就是捕捉到了下述大好时机，例如：敌人因行军急促而疲惫不堪；因涉江渡河而分割了队伍，陷身于沼泽地中或山脊陡壁之上而动弹不得；要么就是星星点点地分散在野地上无忧无虑地在消闲或者都在自己的驻地睡大觉等等。由于敌人正被其他事务缠身，在其尚无力做好作战准备之前便遭了殃。如果敌人十分警觉，使你无法设伏，那就只好在同等的条件下与有戒备的、懂行的，而且是细心的敌手对阵较量了。

十九、然而，无论在这种公开的冲突中，还是在隐秘的运筹时，兵法都起着重要的作用。要力避部队遭到众多敌军或那些被称作“杂牌军”的不成队形的队伍所包围，这种情况发生在你的左翼的可能较多，右翼会少一些。如果真是这样，那只有一个办法可以对付：收拢并卷圆你的侧翼，以便你的部队返转过来掩护同伴的后方。此时，在边缘角上要部署最强的部队，因为通常那里受到的攻击最为激烈。[②]

对付敌人的楔子同样也有一定的办法。所谓楔子是指与兵阵相衔相接的步兵队伍，其头几排较窄，随后几排则愈来愈宽。楔形攻势能使多数人的矛集中投到一个地方，这就能够突破对方的列

① 俄译文稿卷三之第十八节在英译本中至此已成一节，序号应是3—23，书中小标题为Post of the genaral and sabordinates(将帅及其部下的位置)。

② 俄译文稿卷三第十九节之这一段加上第十八节的后一段文字在英译本中被合在一节，序号为3—24，书中小标题是Maneurers in action(作战时的机动)。

阵。军士们称这种列阵为“猪嘴巴”。对付这种楔形攻势可使用一种叫做“剪子”阵的阵法。挑选优秀军士布成V字形兵阵，它能在自己的中心部分吸纳这个楔子，并且从两侧将其钳住，这时楔子已无法突破作战线。

“锯子攻势”也一样，“锯子”阵由勇敢的军人组成，呈一直线布列于敌人正对面，旨在使陷于混乱的列阵得以重新复原。

“球形”阵是指队伍与自己人被分割开来后通过突然袭击时东时西地企图突入对方中心部位；对付这种列阵通常要派出另一个人数更多、更加强大的“球”。始终要注意避免当会战已经开始后再去变换队列或者把部队从一地调到另一地的做法。如果这样，会立即发生混乱和慌张，而敌人对于毫无准备的和溃散的部队是更容易实施攻击的。[①]

二十、当双方在实战中旗鼓相当地摆开阵势时，可以布出七种决战的阵法。

第一种阵法将军队布成大正面的正方形[②]，无论古今交战通常布列的便是这种阵法。不过兵事专家一般认为这种阵法并不理想，因为大正面延展开去的长长的空间，其地表不可能到处都很平坦，万一在中央地段出现某种间隙，或者弯道，或者凹地，这些地方就很容易遭突破。此外，如果敌人在兵力上占优势，它就能从两侧

---

① 俄译文稿卷三第十九节的后半部在英译本中自成一节，序号为3—25，书中小标题是 Wedge and saw（楔子和锯子）。

② 英译本为 Oblong square（长方形）。

迂回你的右翼或左翼，而万一你手上没有可以用来向前挺进或阻滞敌人的预备队，这就蕴藏着很大的危险性。使用这种阵法的将帅必须握有重兵，而且要比敌人更强，那样你才能从两翼包抄敌人，像一把钳子那样把它钳住，或者说张开你的双臂将它紧抱在你的胸前。

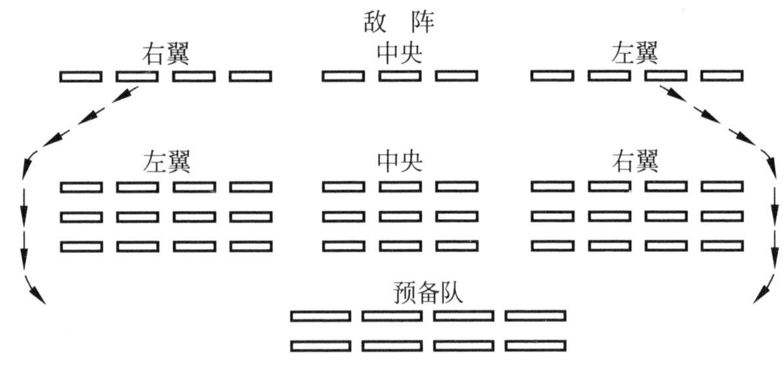

图 3-30　第一种阵法

这一阵法只能在平坦地形上布列，以免正面受到弯道或凹地的影响而得不到护卫。预备队必须有足够的兵力去支援任何一翼，顶住敌人可能的包抄战术。预备队必须保持强大的实力，准备随时出动去保护受敌攻击的两翼。这一阵法在兵力不足以去攻击敌人一翼或两翼的情况下忌用。①

第二种阵法呈斜形，这种阵法颇多优点。使用这种阵法，即使在有利的地形上配置的精兵不多，甚至由于敌军势众，作战勇敢而使你手忙脚乱，最终你仍能够取胜。

这种布势如是：当列阵的队伍行将冲突时，你应使你的左翼远离敌人的右翼，使他们的矛、箭无法投射到你的队伍处②；这时你

① 这是英译本插图的图注文字，下同。

② 英译本在此处有一注：士兵的左侧，进而军队的左翼通常较弱，因为它受到盾和其他护具所牵制。左翼往往是防御的，右翼则是进攻的。

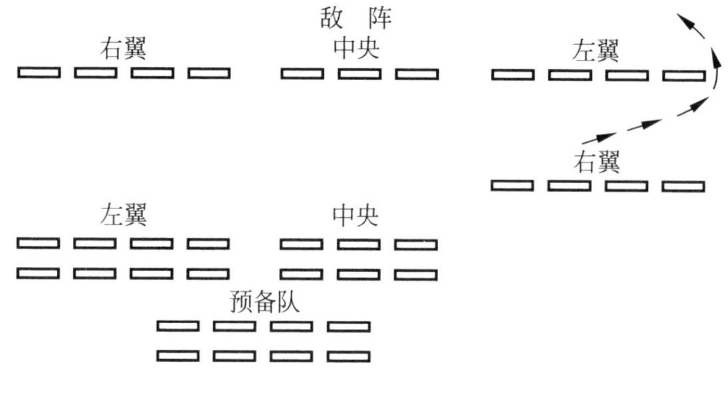

图 3-31 第二种阵法

在当面,左翼应靠后部署,置其于敌右翼投射兵器的射程之外。对敌左翼实施斜形包抄运动如能奏效,便能使其左翼和中央蜷圆;除非十分必要,不要动用你的左翼。预备队则在需要时或当敌人在你行动之前抢先行动时用以支援左翼。

要将你的右翼去同敌人的左翼接战,而且就在那里首先开始会战。你要用你的优秀的骑兵和最有经验的步兵去向它的左翼发起攻击,与它接战之后就包抄它,在迫使敌人后退的同时,绕到它的后方去。一俟你在这里开始追赶敌军,加上你的辅助部队靠近过来,你就能稳操胜券,而你那一部分远离敌人的部队将继续安稳地保持在原地。

这种阵法呈类似于字母 A 的形状或类似于铅锤线的形状。如果敌人事先对你的意图有所察觉,那就应该把这些部队,无论是骑兵还是步兵都配置在列阵后面的预备队里。这一点我在上文中曾提到。要让他们随时准备好去支援左翼。如是,你就拥有了更多的兵力,就能够击退敌人,而不致被敌人使用的战术逼得后退。

第三种阵法同第二种阵法相像,缺陷是开始交战时你要用你的左翼去同敌人的右翼较量。问题在于左翼的攻击常常是相当脆弱的,在左翼作战的队伍要发动攻击显然有困难。我想较详尽地来解释这一点。即使你的左翼特别强大,还是需要用最英勇的骑兵和步兵去加强它,接战时才能让它首先向敌右翼进击,而且要尽其所能地迅速将敌人逼退,并包抄它。既然你知道其他部队的实力都不行,那就要尽量离敌人的左翼远一些,以免遭到攻击,也可以使敌人投出的矛达不到他们。采用这种阵法,交战时还应该时时注意防止你的斜形兵阵被敌人的楔形兵阵攻破。这种阵法只有在一种情况下对你有益,即敌人的右翼很弱,而你的左翼则远强于它。

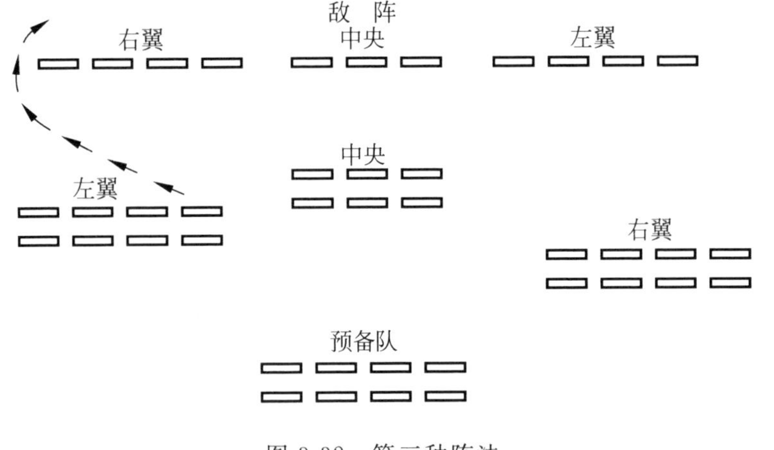

图 3-32 第三种阵法

这种调动只有当你的左翼比你的右翼强大,而且得到你的精锐的骑兵和步兵支援,且敌人的右翼较弱时才可采用。你的较弱的右翼应部署在敌人左翼的实力所及的范围之外,还要尽可能地远离敌人刀剑攻击所能及至的地方。

第四种阵法如下。当你的部队正确地布好阵势，在离敌人400～500步时，你应该突然地、出其不意地迅速用你的两翼冲向敌人。这时你就能在两翼迫使猝不及防的敌人溃逃，并迅速赢得胜利。

采用这种阵法交战，只要你所率领的是训练有素的精锐兵力，就能够克敌制胜，但也存在着巨大的险情：如是作战的队伍会被迫暴露中央地段，并使自身割裂成两部分。而如果在首次攻击中敌人未被击溃，那它将赢得有利时机向你的侧翼和毫无掩护的中央发起攻击。

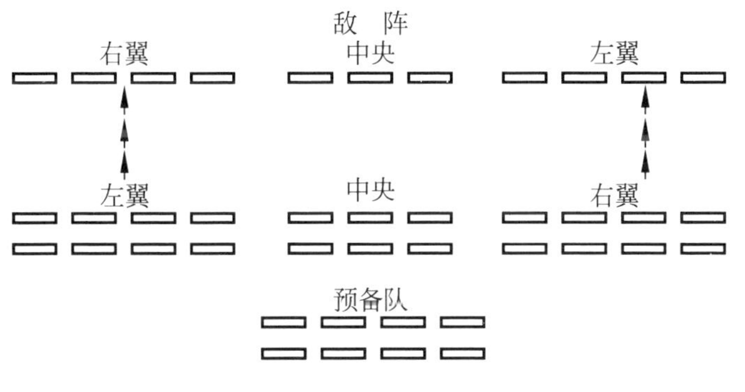

图 3-33　第四种阵法

在离敌1200～1500英尺内，你的两翼突然开进。这一迅捷向敌两翼实施的猛攻会使其惊恐不已，从而迫使其溃败。但这里也有危险：如果首次出击失败，敌人便有了向你的两翼以及得不到任何支援的中央实施各个击破的机会。

第五种阵法类同于第四种阵法，其优点是在第一线正面前配置有轻装兵和弓箭手。凭借他们的抵御，战线不致遭突破。如是，你可用你的右翼去攻击敌人的左翼，用你的左翼攻击敌人的右翼。假如你能够（在两翼）迫使敌人溃逃，那你就能即时取胜；而一旦出战不利，则中央地段也不致陷入窘境，因为那里有轻装兵和弓箭手护卫着。

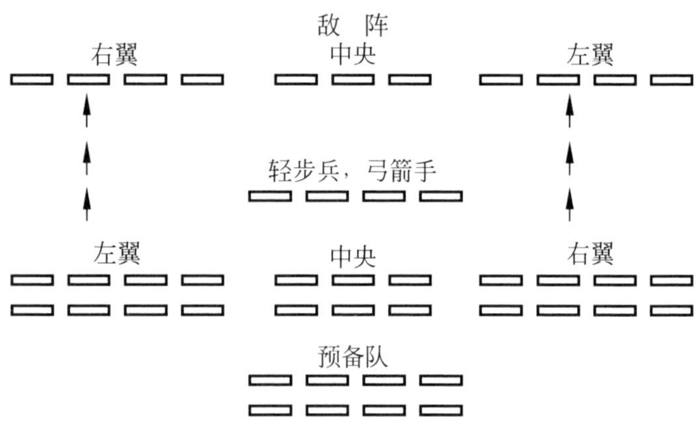

图 3-34 第五种阵法

阵法和两翼的攻击均类似第四种阵法。其中央由于有轻步兵和弓箭手护卫而不再有危险。

第六种战法相当好，几乎和第二种雷同。使用这种阵法的将领往往对自己部队的兵力和勇敢精神都不太敢指望。但只要组织得好，即使兵力较少，也终能取胜。

当你展开兵阵接近敌人时，用你的右翼直趋敌左翼，就在那里让最富有经验的骑兵和最快捷的步兵投入战斗。这时要让其余的部队尽可能远离敌人的作战线，让敌人拉成一条像铁钎一样的直线。当你开始从侧翼和后方砍杀它的左翼时，无疑就能逼其溃逃。

此时，敌人既无法从右侧，也无法从中央为处于困境的部队派去援军，因为你的部队已呈 L 形字母的队形展开，虽然离敌人还有相当一段距离。这种方法常常在行进中的遭遇战时使用。

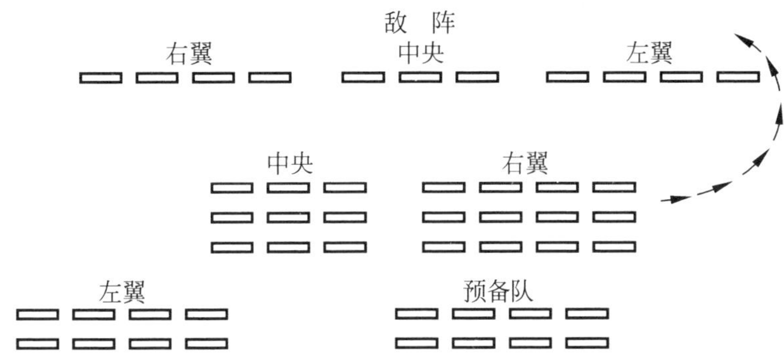

图 3-35 第六种阵法

此种阵法常在你的部队的素质较差时使用。将你最好的骑兵置于右翼。由于敌人受到你的左翼、中央和预备队的威胁,它要调动右翼、中央的兵力去支援它的左翼抵御你强大的右翼的攻击,那是十分危险的。

第七种阵法用在参战者有地形条件护佑的情况下。即使你的军队兵力不足,也不见得精锐,但你仍能顶住敌人的攻击。这时,你的一翼应有比如山岭、大海、江河、湖泊、城池(有城墙围裹的)、沼泽地或陡峭的山崖作掩护,敌人从这个方向无法接近你。你可以将部队布成一条直线,在没有自然屏障作掩护的那一面配置上你所有的骑兵和轻装兵。这样你就可以安然而大胆地投入与敌人的战斗。因为你的一侧有自然地形掩护着,而另一侧则几乎集中着多一倍的骑兵。

不过,始终要记住一点(这是一条很有用的规律):如果你想只用右翼去交战,那就把最精锐的部队部署在这里;如果想使用左翼,那就把最坚强的部队放在那边;如果你要在中央地带部署楔子,以便突破敌阵,那就把训练最有素的部队放在这个楔子里。

夺取胜利往往并不需要太多的人。因此，精锐部队在英明的将帅运筹下必会置于理智和利益所要求的地方，这一点至关重要。

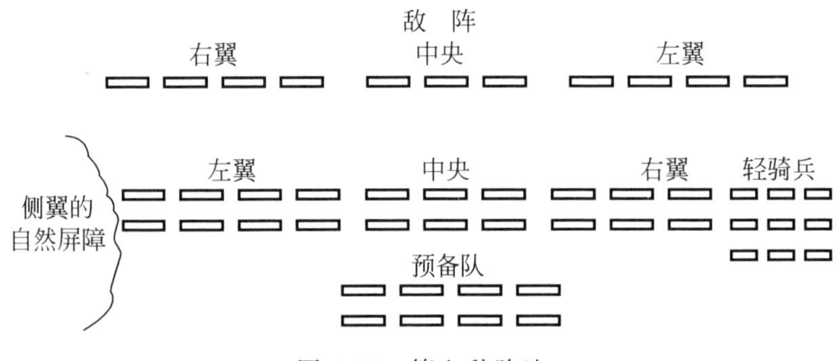

图 3-36　第七种阵法

此种阵法应有有利地形条件为前提，一翼应有大海、江河、湖泊、沼泽地、断绝地作掩护。你的部队布成一直线，暴露的一侧由你的轻装兵和全部骑兵护卫。使用这种阵法，能安全地实施你的行动。①

二十一、许多在武事方面缺乏经验的将领总是希图全胜。他们喜欢将敌人围堵在一个狭窄的地方或者用重兵将其困住，以为如此敌人便失却了逃遁的可能。然而，俗话说困兽犹斗，在毫无生存希望的情况下，恐惧心会驱使人们拿起武器。当一个人知道他将面临死亡时，他是宁肯与别人同归于尽的。所以，西庇阿的思想值得嘉许，他有一句名言：留遁路于敌而后歼灭之。一旦退却之路敞开，所有的人便会一心一意地向后方奔去，这时候也就可以无所顾忌地去杀戮敌人，就像赶杀一群牲口一般。对于追击者来说已

① 本节在英译本中的序号是 3—26，书中小标题为 Various battle formations（会战兵阵种种）。

不存在任何危险，因为败军在拼命逃窜时已顾不上再用武器向对方回击；尽管他们原本是可以使用这些武器进行自卫的。在这种情况下敌人的人数愈多，其大部分兵力就愈容易被歼灭。既然恐惧心理已经使敌人放下武器，那再去谈论这支军队的兵力有多少也就没有什么意义了。〔而困敌，即使人数不多，素质较差，一旦知道除了等死以外已无任何其他生路，因而陷于绝望之时，那他们和对手就处在了一种等同的地位。〕①

二十二、 在叙述过兵法在其探索和研析中存留下来的一些经略之后，现在还有一点应当提及，那就是在敌人面前的退却问题。兵事专家和从实践中积累起丰富经验的人们都认为这对我们来说不会有大的危险。在较量之前下令自己的部队准备退却，这无疑会损伤己方的信心，徒增敌人的锐气。可这又是实际中经常会发生的事，因此有必要讲明怎样做才能确保安全。

首先，务必要让你的属下都知道，之所以要撤退并不是因为你怯战。要让大家都觉着把他们召回是出于某种军事计谋：那是将敌人诱入于我十分有利的地形，从而更容易战而胜之；或者是出于使前来追击的敌人落入我预有部署的埋伏圈而已。要知道，那些认为自己的统帅对胜利丧失信心的人是会逃跑的。当然还应当设法避免敌人窥明你的退却行动而即时向你奔杀过来。为此，许多将领往往把骑兵布置在步兵兵阵之前，让他们散布开来，以便能阻

① 本节在英译本中的序号是3—27，书中小标题为Facilitating flight of enemy（纵敌逃遁）。

挡敌人的视线，不使其看清步兵撤离的情景。他们总是一部分一部分地将队伍朝后撤，一般是先撤前面的几排，让其他人仍在原来位置坚守，然后再让这些人渐渐地撤下来，并与起先已撤下的部队会合在一起。另一些将领则首先去仔细探明道路，趁夜间天黑率领部队撤走；待到破晓敌人察觉时，他们早已远去，已经无法再赶上他们了。

有时可以先派出一部分轻装兵去占领附近的某些高地，然后突然下令让所有的部队都朝那里开进。假如敌人来追击，他们就会受到早先占领这些高地的轻装兵以及前来加强这里的骑兵的杀伤威胁。一般认为，谁要是动用设伏的或者准备设伏的兵力去对抗那些愚蠢的追敌，那实在是再危险不过的事情。而这偏偏又是设伏的最好时机，因为一般人对待那些后撤中的部队往往是勇气有余，谨慎不足；而越是麻痹轻敌，其所造成的后果便越是惨重。通常，突然袭击所针对的正是那些尚未做好战斗准备的部队，比如正在就餐的部队，因行军过度而疲惫不堪、将马放出去吃草的部队，以及对可能发生意外情况毫无准备的部队。这也正是我们自身应当引以为戒的事情；而一旦出现这种有利时机，我们便应该力争去歼灭更多的敌人。谁要是陷入这种困境，那无论是百倍的英勇和众多的兵力都将无济于事。[①]

一个将领在与敌正面激战中败阵，尽管其间与是否熟谙武事有很大关系，但他总还是能为了开脱自己而归咎于运气不好；而要

① 俄译文稿卷三之第二十二节在英译本中至此自成一节，序号是 3—28，书中小标题是 Manner of conducting retreat（实施退却的方法）。

是他中了敌人设下的圈套或陷阱，那就很难为自己的失误作申辩了，因为他本可以采取适当的预防措施或者从间谍那里事前获取情报而避免犯下这类错误的。

在实施退却时还常常采用这样的计谋：通常派出一小股骑兵，让他们沿大路前进，另外再派一支精锐部队秘密地抄别的路径迂回过去。当骑兵接触到敌军时，稍稍作一番攻击，便可夺路而走。敌人会想象那大概就是所谓的埋伏了，不是已经被排除了吗？于是便不再有什么顾虑，忘乎所以地继续朝前开进。此时，随后派出的那支精锐部队已从隐蔽小道上逼近过来，不期然地突然出现在敌人眼前，这足可将尚且蒙在鼓里的对方打个措手不及。

许多将领在与敌脱离接触向后撤退时，若前途尚须穿越森林，就派人占领沿路的窄道和陡地，以免遭敌伏击；他们也常常用砍下的树枝在自己身后的道路上点燃起来，并将这叫做“断后”，以断绝敌人追击他们的可能性。

可以这样说，途中设伏对于敌对双方来说都是一种有利时机。退却的部队在近便的山谷或森林覆盖的山岗上穿行，身后留下伏兵，要是敌人遇上他们，那整个部队可以折转身来支援自己人（形成夹击之势）；实施追击的部队则可派出轻装兵抄远远前伸的侧旁小路去阻拦走在前头的敌军，迷惑它，封锁它前进和后退的通道。假如是夜间敌人正在睡觉，则走在头里的部队可以折转回头，而实施追击的部队不管两者相距多远，也总能出其不意地赶上前来，迷惑并包抄他们。在渡口，如若后面的敌人欲渡河追踪前来，则应设法歼灭，那时敌方其他队伍都被河床分割着；若被我追击之敌准备渡河时，则我军应加速赶进，竭力去骚扰敌人还没有过河的那部分队伍，要让他们不断地处于惊恐万分的状态。[1]

二十三、古时的著作家指出，有的民族在布阵时使用骆驼，像生活在阿非利加内陆的乌尔齐利安人……或者马齐克人，至今仍在这样做。据说，这种牲畜适合于沙漠和必须耐干渴的地形。它们能在刮风季节、沙土弥漫之际准确地辨认道路。骆驼的外形对于从未见过的人来说有些异样，除此之外它们在战争中的作用平平。

铠甲骑兵由于穿戴着沉重的护具一般不大容易受伤，可正因为装备之既笨又重却很容易被俘，对方可以用套索将他们擒获。在交战中用他们对付散开的步兵比对付骑兵更合适。他们的阵位在军团前端，或同军团骑兵混杂一起。当面对面地展开白刃格斗时，他们常常能冲散敌人的队伍。[2]

二十四、安条克和米特拉达悌两位国王在征战中使用过马拉双轮战车（四匹马拉）。起初，这种战车曾使敌人引起颇大的惊恐，后来却成了笑柄。因为很难为它们找到平坦的战场，一点小小的障碍物便足以使它们停滞下来，而要是四匹马中哪怕只有一匹马遇到伤亡，整个车辆便成了废物一堆。罗马人想出了对付这种战车的办法：战斗一开始，就迅速地朝战场上投掷大批捕兽器；当飞

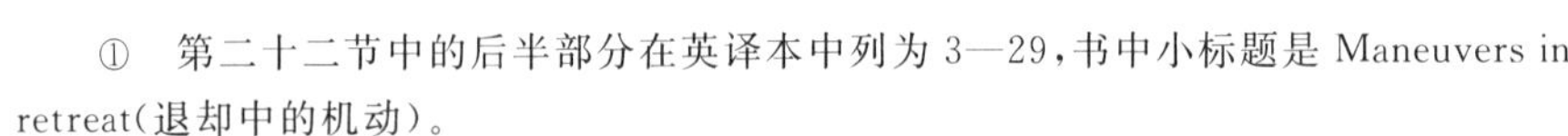

① 第二十二节中的后半部分在英译本中列为 3—29，书中小标题是 Maneuvers in retreat（退却中的机动）。

② 俄译文稿卷三之第二十三节，英译本中无。

驰而来的马拉战车撞上这种捕兽器,顷刻便会车翻马亡。

捕兽器是一种防御工具,上面有四个尖尖的大铁钉,不管你怎样抛掷出去,它都能有三个钉子牢牢地扎到地里,而第四个钉子则朝上翘着,正是这枚钉子能造成伤害①。

在会战中曾使用过大象。大象以其身躯之硕大,吼声之惊异,外形之古怪曾经既使人也使战马惊恐不已。首先使用大象的是皮洛士在卢卡尼亚与罗马军队作战时,随之汉尼拔在阿非利加、安条克国王在东方、朱古达在努米底亚都曾拥有数量可观的大象。

大家想了许多办法对付这种动物。在卢卡尼亚有一个百人队长用剑削掉了象的鼻子。也有人将两匹身披铁甲的战马套上双轮战车,坐在上面的克利巴纳里(穿着护身甲的军士)朝大象投掷马其顿矛,这是一种很长的矛;由于有铁甲护身,乘坐巨大怪兽的弓箭手发射的箭镞伤不到他们,靠着疾驰的战马他们又能躲过咆哮的大象的攻击。还有人派出身穿铁甲的勇士去对付大象,这些勇士的护手上、头盔上、护肩上都装有很大的尖头铁钉,这样大象就无法用鼻子去卷住攻击它们的士兵。不过,古人对付大象的主要办法还要数组织韦利特去实施攻击最为有效。韦利特是一些身体十分灵巧的年轻的轻装兵;他们善骑马,能非常熟练地投掷标枪,有时他们还骑着战马经过大象身边,用带有宽宽枪头的很牢实的标枪刺杀这些巨兽。后来他们的胆子越来越大了:许多人聚集在一起,向大象就像向普通的敌人一样扔掷矛,使它致伤。另外,配备有棒投器和投石带的投石手用专门的圆石去杀伤驾驭大象的印

① 关于捕兽器的这段文字英译本中无。

度人，去捣毁印度人坐在里面的塔身，并把他们弄死。这是一种比较好的对付大象的手段。

再，当这些巨大怪兽迈进时却似前来破阵一般，士兵们不妨纷纷退让，给它们留出通道来。当象群进到兵阵中央时，从四面八方围拢过来的大批装备齐全的士兵就可把它们连同驭手一起俘获到手，而且不会让人和象带一点小伤[都能安全无恙]。

有时，应当在兵阵后部部署弩炮车，其规格要比一般的弩炮更大些，它们射出来的矛应当距离更远，力量更大。弩炮是安置在战车上的，每辆战车得套上两匹马或者两头骡；当这些怪物逼近过来进入矛的射程时，就用弩炮将这些矛射出去刺伤它们。制作对付大象的矛应该带更宽更结实的铁矛头，这样才能使它们那庞大的躯体遭受更严重的刺伤。

我在这里列举了对付大象的各种方法的许多实例，目的无非是：万一有必要，大家能知道该怎样去对付如此庞大的怪物。[①]

二十五、切记，如果你的一部分军队打胜了，而另一部分却被打跑了，你切勿丧失信心，因为在这样的困难时刻将帅的坚忍不拔仍可使部队大获全胜。这类情形在漫长的战争史上屡见不鲜，胜利往往属于那些始终保持旺盛斗志的人。在条件雷同时，一般认为谁能够顶得住失败，谁就是强者。但愿你能先于他人从被击溃的敌人手里夺下武器，像人们所说的那样去“打扫战场”；但愿你能

---

① 本节在英译本中的序号为3—30，书中小标题是 Armed chariots and elephants（马拉双轮战车和大象）。

先于他人以士兵的呼喊和嘹亮的号角欢庆胜利。你应当用这样的信念去震撼敌人，鼓舞自己部队的士气，以致能够很快地以全面胜利者的姿态凯旋而归。

可是，假如出于某种不幸的缘由，你的整个部队在战斗中溃散了，这当然是十分危险的败北。但也还有不少人能够成功地扭转整个局势，只是需要寻找可靠的途径。的确，一个聪明的、洞察力强的将帅，在投入正面会战时，总是应该预见到存在失败的可能（这在战争风云和人的命运变幻莫测的情况下完全是常态），总是应当去考虑怎样才能既不蒙受巨大的损失，又能使那些败军得到救援的问题。只要附近有丘阜，只要后方有工事，只要其他人撤退时还有那么几个勇敢分子继续在抵抗，那他们就能够拯救他们自己和他们的战友。

溃败之军在恢复实力之后又去歼灭分散的、毫无秩序地在追击对方的敌人的事也是常有的。人们正沉浸在欢庆胜利的喜悦之中，倏忽之间充满自信的英雄气概被一片恐惧所替代，对于一般常人来说再也没有什么东西能比这种情绪上的转换更加严重的了。总之，不管交战的结局如何，将帅应当聚集自己军队的残部，给他们以鼓舞，设法使他们重新弄到武器装备，激励他们树立起继续作战的决心。此时，可以重新积蓄力量，物色新的盟友。还有一点在这种时刻尤为重要，那就是捕捉到有利时机之后，即借助隐蔽的伏兵对获胜者一方发起突然袭击，这将大大有助于恢复军队的斗志。这样的机遇肯定会有的，因为胜利和成功往往会冲昏人们的头脑，使他们变得过分自信，而失去谨慎从事的长处。对于认为失利就是一切的终结的人，我奉劝他们好生想一想，难道说起初失败而最终胜利的人是不幸的吗?[①]

二十六、作战共同规则

一切交战和征战的主要规则如下:

1. 于己有利的,于敌应有害;于敌有助的,于己必有害。因之,我们不应当做或者不去做符合敌人意愿的事,而只应当做或者去做我们认为于自己有利的事。如果你去效尤敌人为自己的利益而做的事,那你就是反对你自己了。反之亦然:如果敌人想效法你那样去行动,结果一样,因为你希盼为自己所做的事恰巧正是反对他们的。

2. 战时更多地关注夜间巡逻和巡查哨,平时严格要求所属人员加强训练的将领,陷落险境的可能就少。

3. 决不要让你从未实地考察过的人去面对敌阵。

4. 使对方粮秣不敷,对其实施突然袭击或威吓是克敌制胜的上策,交战则属下策;交战中通常更起作用的与其说是勇气,不如说是运气。

5. 最好的计划是直到你付诸实施之前敌人对此一无所知者。

6. 在战争中,有利的时机通常较之胆量更值得依凭。

7. 如果你能激励敌军向你投诚或者他们自己投诚过来,而且这样做实出于真心,那就会大大增强我们对成功的信心。敌营中有人逃跑比之有人战死,对敌人的打击沉重得多。

8. 在兵阵后部保持较多的预备队,比之加宽或拉长兵阵更为

---

① 本节在英译本中的序号是3—31,书中所列小标题为 Resources in case of defeat(失利时的措置)。

有利。

9. 善于正确判断敌我双方实情的将领将立于不败之地。

10. 人多势众不如骁勇善战。

11. 得地利之便较之勇敢无畏尤益。

12. 天生的勇士少有，许多人是通过实践，通过良好训练的体验变成无畏者的。

13. 勤劳刻苦使军队欣欣向荣，懒散怠惰令其颓衰羸弱。

14. 切莫让一支你认为对胜利缺乏信心的队伍投入交战。

15. 突然性能使人惊恐，循规蹈矩作用平平。

16. 轻率追击会混乱自己的队伍，将领如是做无异于将已经到手的胜利拱手奉送敌人。

17. 对粮草和一切必需品事先未作好充分准备的军队，不用动武便能战而胜之。

18. 若兵力和士气均胜过敌方，可使用正方形兵阵交战之。此阵法之一。

19. 若不如敌方，可以右翼攻敌之左翼。此阵法之二。

20. 若确认敌之左翼实力很强，可攻击敌之右翼。此阵法之三。

21. 若部队训练有素，应在两翼开启战斗。此阵法之四。

22. 若轻装部队精锐，可在阵前部署标枪投手和弓箭手，对敌两翼实施攻击。此阵法之五。

23. 若部队之兵力和士气皆不足信，而又必须投入战斗，可以我之右翼攻敌之左翼，而将余部犹如铁钎一般拉开距离。此阵法之六。

24. 若你的部队的兵力不足，士气亦不高，就采用第七种阵法，但一侧应由山岗，或城池、或海洋、或江河、或其他无法逾越之障碍依托之。

25. 若确信自己的骑兵兵力较强，可寻找合宜于骑兵作战之地形，战斗中多多凭借骑兵取胜。

26. 若你的步兵足以信赖，可选择合宜于步兵作战之地形，以步兵部队作战。

27. 如有敌奸潜入营地，可于白昼下令所有人员各归营帐，敌奸当即暴露。

28. 一旦获悉你的计划已由变节者泄漏与敌人，自然应当变更你的意图。

29. 应该怎样做，可以找许多人商议；准备怎样做只能同最可靠的少数人商议，最好还是自己同自己商量。

30. 在驻地，恐吓和惩罚使士兵守规矩；作战时使他们成为英雄的则是鼓励和奖赏。

31. 优秀的统帅只在情况有利或十分必要时才下决心投入正面交战。

32. 兵不血刃而以饥馑屈人之兵者，乃为上。

33. 要使敌人无法知晓你将用什么方式与之交战，以免他们有的放矢地构思出某种足以对付你的办法。]①

---

① 俄译文稿将本节加上了方括号，英译本无。本节在英译本中的序号为3—32，系卷三之最后一节，书中小标题是General Maxims(一般准则)。本节的33条规则的序号系我所加。

关于骑兵也有许多训诲，但是由于这部分军队如今无论从训练实践、武器种类，抑或马匹的品质方面都已远远超越了以往年代，所以我想就无须再从那些著名人物的书卷中去摘选其他语录了，更何况有关这方面的现有的教范已经相当充分。[①]

战无不胜的皇帝陛下，我叙述的所有这些基本原则都经历过不同时代的实践所验证；（古代）最著名的著作家在他们的书卷中所列举的实例是可靠的，永远足信的。波斯人对陛下射箭术之娴熟惊叹不止；匈奴人和阿兰人只要可能真想效法陛下的骑术，您骑马的灵活和姿态之美妙令人陶醉；您奔跑之迅捷就连萨拉森人和印度人也望尘莫及；我国高级将领都为陛下运筹帷幄之高超深感骄傲，并渴求能够掌握哪怕其中之一鳞半爪也就不胜欣幸了。我之所以写作本书正是着意于陛下能将您的这些非凡的熟巧同战斗的规则，亦即制胜的规则浑然一体起来，因为无论从您的大无畏的气概还是超群的智慧而言，您在整个国家面前都是履行既是皇帝又作为一名军人的职责的崇高的楷模。

① 英译本中的这一段文字列在《一般准则》的第 32 条中。

卷 四

原始时代尚处于粗野而未开化状态的人的生活，他们的交往，同无语言的野生动物之间的首要界限是有无城市。作为城市，其共同利益的概念反映在“国家”一词中(共和国＝共同的事业)。因此，最强大的民族及其神圣的统治者把建造新的都市或者扩大别人建立的城市使之显威扬名，视作最高的荣誉，并常常以自己的名字命名它们。在这项事业中，桂冠非您，大仁至圣的皇帝陛下莫属。

以往的统治者建造的都市寥若晨星，有的终其一生不过一座而已；而虔诚的陛下，由您所坚持不懈地缔建的则无计其数。这一座座拔地而起的都市，似乎不是人们用双手所建造，倒像是由神祇挥手而就。

您福星高照、谦虚谨慎、生活清廉、温文尔雅、热爱科学，这些方面均胜过历代君王。您治理国家的硕果，您刚毅性格的风范，我们亲眼目睹；先辈们曾幻望的、所期盼的，并祈愿千年万代衍生无穷的未来，我们已经拥有。我们已能向整个世界称道，祝贺它有了唯独人类的智慧才能希冀求得，不过上苍的仁慈才能恩惠赐予的福祉。

建造城池，那是何等艰辛的艺术。罗马城多亏您的眷顾而成为这种艰辛艺术的见证。曾几何时,这座城市因有卡皮托利尼堡垒护卫而拯救过公民,以致而后能以更大的光荣、更大的声誉统治起整个的世界。

为了全部完成我遵奉陛下的旨意而着手撰写的这部著作,现在我要按一定的规程列举我从许多大作家的著述中搜集到的箴言教诲。它们将告知应该怎样捍卫自己的都市,又该怎样摧毁敌人的城池。如果我确能以此为众人带来裨益,我将为我操劳的著述感到无比欣慰。

一、都市和城堡，若得天然的或人手创建的或两者兼而有之的屏障卫护，那将使之格外地固若金汤。

假如城市耸立于高地，耸立于悬崖峭壁之上，或为大海、沼泽地、河流所围绕，那就可以认为得了天然屏障之护佑；人工屏障则指壕沟和城垣。前者因有优越的自然条件，为保障安全只需明智地选择地形；在一马平川的大地上，那就必须依凭建筑者的技艺了。

我们见到过建筑在广阔原野上的许多古老的城市，虽然地理位置不尽理想，但靠着创建者的努力和技艺，它们遂成为不可征服的堡垒。

二、古人认为外墙决不能整个建成一条直线，否则必定遭到攻城槌猛烈的撞击。古人在奠定垣基时常常以凸缘和敌台掩护城墙，而在各城角上又竖起若干塔楼。若有人移动梯子或机械靠近如此构筑的墙体，那守城一方便不仅可从正面，还可以从多个侧面击溃他们，甚至可以打击他们的后部，就像将其困在了口袋之中一般。

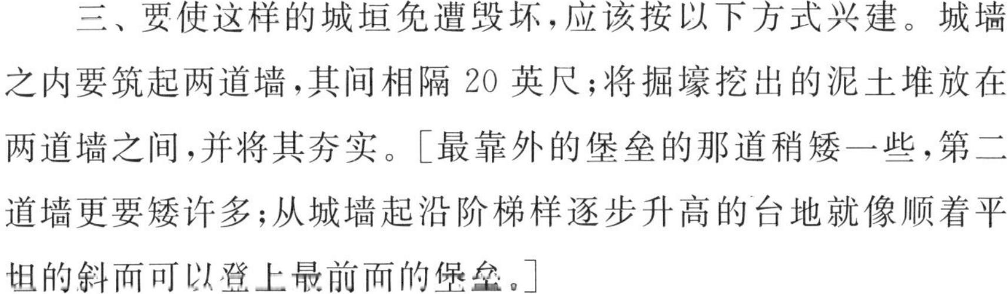

三、要使这样的城垣免遭毁坏，应该按以下方式兴建。城墙之内要筑起两道墙，其间相隔 20 英尺；将掘壕挖出的泥土堆放在两道墙之间，并将其夯实。[最靠外的堡垒的那道稍矮一些，第二道墙更要矮许多；从城墙起沿阶梯样逐步升高的台地就像顺着平坦的斜面可以登上最前面的堡垒。]

如是，任何攻城槌都无法将城垣毁坏，因为大地牢牢地支撑着它;而假定有什么方法把石块捣坏了的话,石块之间压实了的泥土也会像一堵墙壁那样挡住进攻者的通道。

四、要防止敌人放火烧毁城门。为此应当在城门上裹上潮湿的兽皮和铁片;后来古人又发现能在城门上方加筑一道向前伸出的工事。当有人进入城门时可以放下一道格栅(闸门),格栅用铁环和绳索吊着,其功用在于一放下来就能消灭钻到这里来的人。

城门上方的墙要留有孔洞,从上面可以朝这些孔洞里倒水来扑灭着了起来的火势。

五、城市前方要挖掘出宽而深的壕沟,使围城的敌人不能轻易将它填满填平;要是让壕沟灌上水,可以防止敌人挖地道,就是说这样的壕沟可以从两个方面阻止敌人实施坑道作业:一是本身的深度;再就是用灌水的办法将坑道淹没。

六、应当采取一切措施使众多的敌弓箭手即使把受惊的守城者从工事上赶走,并把梯子靠上来,也不能登上城头。为此,需要让城里的居民尽可能多地准备好铠甲和盾。再把双层草席或奇里乞亚的山羊皮毯顺着射孔拉起来,用以挡住飞来的箭镞,至少让箭镞或标枪不那么容易穿透摆动着的遮蔽物。

众人还创造了另一种方法:用各种材料编织叫做“梅塔拉”[1]的筐子,里面装满石头,把它们堆放在两个雉堞之间。要计算好时

① 据认为这“梅塔拉”便是“夜壶”。

间，只要敌人开始爬梯，当他们刚要抬脚往上爬时，就把这些“梅塔拉”朝他们头顶上砸下去。

七、守城和围城的方法很多，我将在适当的地方谈及。现在应当指出，有两种实施围城的方法：一种是当敌方部署军团的地理位置十分有利，(不断地以突然袭击惊扰被围困者时；另一种是当)敌方或者截断被围困者的水源，或者等待他们受不了饥饿的折磨而投降，因为敌方是不会让他们得到任何粮食补给的。如是实施围困，敌方自身不会有多少事情可做，也比较安全，但却能把对方弄得疲惫不堪。当地人只要有一丝丝可能就应当竭尽全力将所有的粮食储备都往城里运，以求使他们自己有充裕的食物，而使敌人缺粮，进而逼其撤兵。不仅要把猪，而且要把所有不能圈养的牲畜统统宰杀掉，再腌制起来；这样既可以有较丰足的肉类，又可以减少粮食的消耗。城里还可以养鸡，这样做开销并不大，对病员来说尤其必要。要特别关注储备马匹的饲料，要是无法拉走，就把它烧掉。酒、醋、各种水果，如苹果要设法集中储备。凡一切有用的东西统统不要留给敌人。把宅边的菜园子分掉或者平掉，这是一件既有利又愉快的事。

要是收成好，而从一开始就没有能在合适的人选帮助下合理地分配这些粮食，以致不够保障人们健康所需，那将是非常有害的。有些人在丰衣足食的条件下也能注意节俭持家，他们就不会有受冻挨饿之虞。

往往会发生把普通老百姓赶出城外去的事情，因为无论从年龄上还是性别上讲他们都不能成为军人，不那样做就会使保卫城市的武装人员被饥饿拖垮。

八、应当备足沥青、硫黄、树脂、被称作燃料的液态油(石油),以供烧毁敌人机械之用。为了锻造兵器,仓库里应当有生铁(用作冷热加工)和煤的储备。要提前运到制作矛和箭的木料。还要竭力到江河里去搜集大块的石头,因为江河里的石块重量大,投掷出去更有效;应当在所有的城头和塔楼附近摆满各种大小石头。小一点的可以用投石带、棒投器抛射出去,也可以用手投掷。大一点的可用弩炮打出去。最重的还可以将它们推滚到胸墙边去,一旦把它们从城头推下去不仅可以砸死砸伤冲到城边来的敌人,还能砸坏他们的机械设施。

要准备好新伐的木料制作大轮子,或者用锯好的大段木材制作圆柱形的滚木。为便于滚动,轮子和滚木都要做得十分光滑,这些东西顺着斜坡突然飞快地从上面滚下去通常能使敌人大吃一惊(也能使马匹受惊吓)。

手头应当常备木头、木板和各种尺寸的铁钉。要对付围困者的机械,自己就必须随时准备好另外的机械,尤其当被迫仓促去增筑城垣和加大雉堞的高度时更需要这些机械。只有这样才能使敌人的活动碉楼无法靠上城头,无法由此而占领整个城市。

九、应当尽最大的努力储备绳索,没有绳索把各种弩炮和其他的投射器具拉紧,这些武器将毫无用处。马鬃和马尾毛对弩炮来说很有用。当然,女人的头发同样适用于这类武器,这一点已由当年罗马处于困境的实践所证明。当卡皮托利尼遭到围困时,由于长时间不断地使用，投射器都毁坏了；而后备的绳索又没有。于是罗马的主妇们剪掉自己的长发，送给正在战斗的丈夫。投射器修复了，敌人的进攻被击退了。这些端庄的女人宁肯暂时剃光自己的脑袋，同自己的丈夫自由自在地生活，也不愿保留一头秀发而遭受敌人奴役。还应当搜集兽角和生兽皮，用来制作铠甲和各种机械设备。

十、一个城市如果在垣墙之内拥有永不枯竭的水源，便有了巨大的优势。要是大自然没有赐予这种福分，那就需要掘井，不管掘多深都得掘，然后用桶和绳子汲水。

有时候城市所在的地方很干燥，有山岗和悬崖围绕，这时驻在小丘上的警备部队就要到驻区之外，到山下去寻找水源，要从碉堡的射孔和塔楼上用能射到水源所在地的弓箭掩护担水的人，而且还要让他们自由地到驻地来送水。若水源地处弓箭射程之外，只要仍然在城市所在的那个斜坡上，在城市和水源之间就应该设置小型工事，有人管它叫“堡垒”，在里面部署若干弩炮，再配备些弓箭手，以防止敌人来抢水。

此外，在所有的公共建筑物内，要像许多私人房舍一样极其用心地建造蓄水池，以便下雨天用来积储雨水。处于被围困中的人，在受围时间内要是能有很少一点水供饮用也就很满足了。

十一、如果城市滨海，而市内短缺食盐，就应当在盘子和其他器皿里灌满海水。经太阳 ·晒，海水会凝固成食盐。要是敌人不让趋近水边，这是常发生的，那还可以堆聚一些暴风雨时由海上推到岸边来的沙子，用淡水冲洗这些沙子，经过阳光蒸发，也能变成盐块。

十二、如果决定要攻城或向工事发起冲击，这种悲壮的战斗对双方的危险性是等同的，从流血的程度来看攻城一方会更多些。

准备突入城内的部队首先要布好阵，将各种足以造成恐怖的机械设施一一排列起来，以求一举破城。这必然会大大加剧战场惊心动魄的气氛，真所谓鼓声、号声、呼喊声震天，喧嚣一片。这时（实际上这种恐吓只能吓倒不适应这种气氛的人），要是市民们慑于首次冲击而不知道怎样在严重时刻进行斗争，敌人就有可能趁势把云梯推近城边，并突入城内。而首次冲击一旦被斗志旺盛有作战经验的人们所挫败，那被围困在城中的一方就会勇气倍增。这时候制造恐怖声势对战斗已起不了多大作用，那就要靠实力、各种技艺和指挥艺术决定胜负了。

十三、这时，拥向城边的将有龟背车（testudines）、攻城槌（arietes）、镰钩篙（falces）、带顶通道车（venei）、栅栏车（plutei）、舟鰤车（musculi）、碉楼车（turres）等各种攻城用具。

我将对这些器材分别作出介绍，讲述其构造、用途以及击败它们的方法。

十四、龟背车是用长方木和木板制作的。为了避免着火，用生兽皮、山羊毛织的奇里乞亚地毯或一块一块缝制而成的盖布把它罩起来。在顶盖下放着镰钩篙。篙的一端扎有弯弯的铁钩，由此得名镰钩篙(因为铁钩呈弯状，像一把镰刀)。其功用是从墙里面把石头钩出来。有时篙头要包一层铁，这就成了攻城槌，其所以叫攻城槌或许是因为它有一个硬邦邦的“额头”，用这“额头”可以去捣毁城墙；也可能是它要照大公羊的样子先是朝后退走几步，然后再以更大的力量和更快的速度向前撞过去。

龟背车得到这个名称是因为它很像真正的乌龟，一会儿把脑袋伸出来，一会儿又缩进去，活脱一个乌龟头。它时而退后几步，时而又把攻城槌推向前去，以更有力地去撞击城墙。

十五、古人称之为“攻城车”的一种作战车辆，现今在士兵和蛮族人的日常生活中称作“卡乌齐”[①]。这种机械是用轻木料组合的，宽 8 英尺、高 7 英尺、长 16 英尺。它的顶用木板和双层树枝做成。两侧也一样用树条编就。这样可以在遭到攻击时不致被石块和矛穿透。外层为了防止被投射过来的燃烧物点着而包有潮湿的、刚刚剥下来的兽皮，或者用破布片钉成的覆盖物。当这些“攻城车”数量较多时，也排列成队，在它们的掩护下攻城者可安稳地靠近筑城工事，去掘毁城垣的墙基。

图 4-37　攻城槌，有顶盖，还有围壁

① “卡乌齐”是个马其顿语词，意思是“宽边帽”，用来遮太阳的，也含有“顶盖”之意。

“活动挡箭牌”是一种类似拱门一样的装备，也用树枝编成，上面覆盖有奇里乞亚山羊皮毯或者一般的兽皮；这种车由三个不大的轮子滚动开进，其中一个轮子在中间，其他两个在前头，即所谓的“车头部分”。靠这三个轮子，它能像大车一样朝任何方向转动。攻城者坐在上面贴近城墙，利用它作掩护射箭、投石或掷矛，把守城者赶下胸墙，以求抢得有利时机，更容易爬梯子登上城墙顶部。箭和矛都是从城垣上投射过来的；对着城垣用泥土和木头可垒筑土堤。

十六、所谓“舟鰤车”，是一种体积较小的设施。战士们在其掩护下去摧毁城市的尖柱防御工事。除此之外，它还能用运来的石块、木头和泥土把壕沟填满，并能将其夯实，以便于活动碉楼不受阻拦地贴近城垣。

舟鰤车的称谓缘于一种海鱼[1]的名称。这种鱼尽管比鲸鱼小许多，但它们常常尽力帮助鲸鱼；同样，这种小车在大碉楼车前边把路压平，为之开道。

十七、（活动）碉楼车是用树条和木板制作的。从外形上看像是一幢建筑物。为了不让敌人纵火将如此庞大的设施烧毁，它们的外层用生皮和由布片缀成的覆盖物结结实实地包裹着。由于这

---

① 鰤，鱼纲鰤科。体呈纺锤形，鳞小而薄。背部蓝褐色，腹部银白色，沿侧线有淡黄色线纹。脊鳍分前后两基，前基小、后基大，尾基大，尾鳍分叉。栖远洋，冬季群游于近海之暗礁旁。我国沿海均产。肉可食。

图 4-38　舟鰤车，在实施攻击或作业时用以护卫战士的棚屋

种车车体很高，相应的也就要做得很宽。通常的宽度为 30 平方英尺，有时是 40 平方英尺，甚至 50 平方英尺。其高度不仅超过城墙的高度，甚至要超过城墙上石砌的塔楼的高度。根据力学定律，车体下装有许许多多的轮子，这么巨大的设备没有这么多车轮滚动是前进不了的。如果有这样一座碉楼车朝城墙边开过来，那对城市来说确是一种直接的威胁。

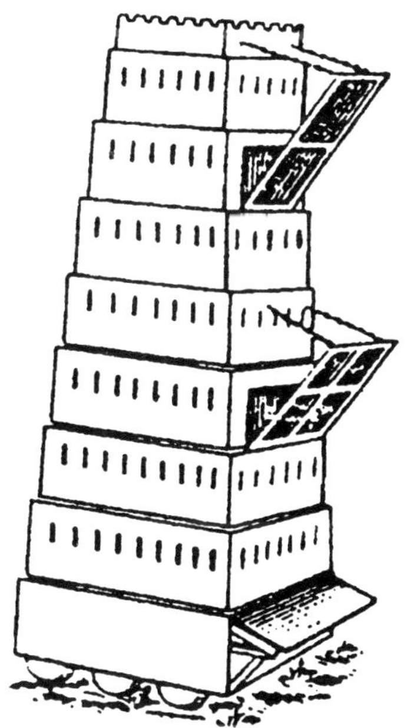

图 4-39　碉楼车

在每座碉楼车里放置着许多的梯子，有些梯子能够通过各种方法伸进城里去。在碉楼车的下部还有攻城槌，可以用来捣毁城垣。中部

还放着用两根长杆和编好的木条做成的(跨)桥。突然把这种跨桥伸出去，搭在碉楼和城墙之间。碉楼上部藏有携带长矛和弓箭的士兵。他们从碉楼高处用长矛、投掷标枪、石块杀伤守城者。一旦发生这种情形，城市无疑会迅速沦陷。当守城者把全部希望寄托在自身高高的城墙上时，忽然眼前出现一座更高的敌人的城楼，他们还能有什么办法去保卫自己的城市呢?

十八、不过，面对如此险峻的局面仍然还有许多方法可以抵御。

首先，如果可以信赖守城部队，如果他们确实有勇气，那他们就要以实施突袭，用实力将敌人打退;他们可以剥下敌人碉楼车上的兽皮，点燃这个庞然大物的木料。假如市民们不敢出城，他们也可以用大型弩炮放射带火的箭镞(燃火箭)或火热的矛(火矛)，让它们穿透皮包木面或覆盖物，在楼体内起火。

图 4-40　碉楼车在攻城

燃火箭就是那种能钻到车体内燃起火来的箭镞，因为它们在飞行中就已经着了火的。火矛很像矛，它的头部装有一个很牢固的铁帽，在铁帽管和矛杆之间裹着硫黄、沥青、树脂，还缠有涂了油的麻絮，这种油是可燃物。火矛由弩炮射出去后能穿破保护层，带着火钻透木材，于是就把这种塔形巨车燃烧起来了。

有时，当敌人入睡时，人们带上火种用绳索从城墙上吊下去，把巨车点着，再重新爬回城头上来。

十九、其次，守城部队还可将敌人企图把碉楼车靠近过来的那一段墙增高。可以用混合土和石块，或者甚至就用一般的黏土、砖头，万不得已用木板垫高也行。总之，不让敌人在这座碉楼车上居高临下地攻击守卫城墙的人。要是碉楼车的高度低于城垣，那它就毫无用处了。

攻城部队为了防止发生这种情形，也常常想出对付的点子。比如，他们先制造一个外表看来似乎要低于城墙上射孔的碉楼车；然后在碉楼车里悄悄地再暗藏另一座木质的小碉楼。当车体靠上城墙时，他们突然用绳索和滑轮把这座小碉楼从中向上升起。这时全副武装的攻城部队从小碉楼里一跃而起。由于小碉楼高于城墙，他们就能登上城头，占领城市。

二十、有时，守城部队为对付活动碉楼车，推出一种长长的包有铁皮的方木，用来推顶对方的碉楼车，不让它靠近城墙。

记得有一次，敌人包围了罗得人的一座城市，推来一辆大碉楼车，那巨车比城墙和城头上所有的塔楼都高。有一名机械师的脑子特别好使，他想出一个办法：夜晚，他在城墙脚下挖一条地道，通到第二天那座碉楼车将要停下的地方。接着他又神不知鬼不觉地把那块地方下面的土挖空运走了，只剩下薄薄的一片表层。当这个庞然大物的轮子轰隆隆地滚动到这块底下已经挖空了的地方时，那大物一下子陷了下去，显然这松松的一层土皮是怎么也承受不住这么重一部碉楼车的。这样，它也就根本无法贴近城墙了，甚至连动都动不了啦。于是城市得救了，敌人只好弃车而去。

二十一、当碉楼车逼近过来时，投石手用石块，投射手用标枪，其余的人用各种弓弩发射箭镞，长矛兵投掷铅球和标枪(missilia)，从城头上把他们撵走。企图爬梯子登城的人要冒很大的危险，就像第一个发明用梯子攻城的卡帕涅伊那样，他是被菲旺人击毙的，当时这一击竟是如此之有力，以致流传开一种说法，说他似乎是遭闪电击毙的。

攻城方登上敌人的城墙靠的是云梯、斜桥和杠杆。

云梯与竖琴相像，故名。[①] 竖琴上有琴弦，碉楼车旁的横木上亦系有缆绳，借助于滑轮可将梯子放下。只要这梯子一搭上城头，士兵们便立即从碉楼车里蹿出去，顺着这梯子，登上城头，攻进城里去。

斜桥就是我在上文中已提到过的跨桥，因为它是突然从碉楼车中部向斜刺里伸出搭上城墙的，故得此名。

杠杆是这样一种器具：往地里埋下去一根很高的柱子，柱子上端横向里再固定一根更长的木头，这根木头要恰巧固定在中央，以求保持平衡。如是，一头朝下压时，另一头就能往上翘起。在木头

---

① 由源于拉丁语词的俄语词 camσyka 一词两义，既作云梯，又作三角琴解；拉丁语词 sambuka 的意思是竖琴。

图 4-41　杠杆,也叫乌鸦吊。起吊杆用来将载有士兵的筐子升起来去攻击高型工事;有时也用于观测

的一端挂着一个用树条或木板做成的筐子,里面可装下若干名武装人员。当用绳子把另一端拽住,往下压去,坐在那一端筐子里的人就能升起来,攀上城头。

二十二、守城部队通常用各种弩炮、蝎子弩、弩弓、棒投器(弓箭手备用的)、投石带来对付这种攻城方法。

有一种弩炮是靠着用动物的筋制作的弦绷紧的,其两端的距离越长,也就是炮身越长,射程便越远。只要弩炮的制作符合力学原理,而且射手经验丰富,探得其中奥妙,就能百发百中。

另一种弩炮是用来抛射石头的，石头的重量与绳索的粗细和长短成正比；绳索越粗越长，抛射出去的石头就越大，力度也大，它的飞行速度就像闪电一样非常快速。

没有一种投射武器的力度能比这两种更厉害的了。

蝎子弩现在我们称之为手弩，之所以叫蝎子弩是因为用它们射出去的箭又小又细，但却能置人于死地。

关于棒投器、弩弓和投石带，我想不用多说了，因为如今都还在使用。

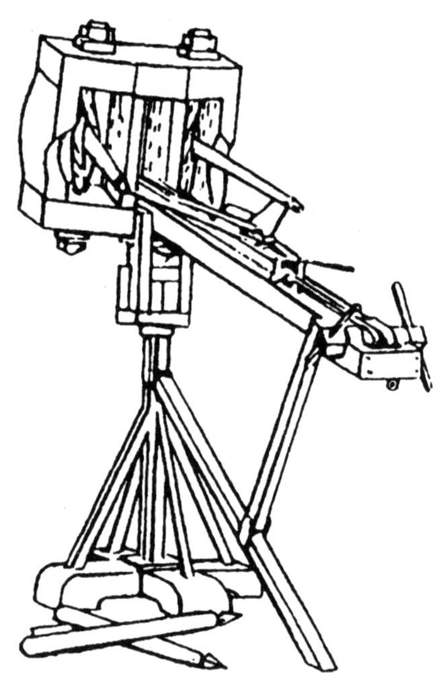

图 4-42　一种能投射重 500～600 磅石头的弩炮

弩炮打出去的大石头不仅能砸死砸伤人和马，还能砸毁敌人的器械。

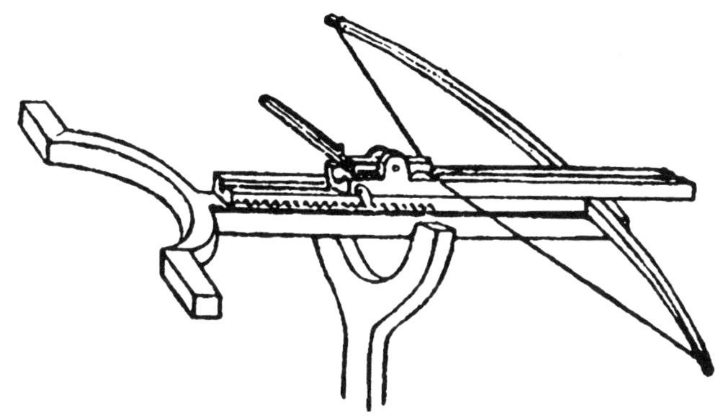

图 4-43　蝎子弩，一种小投射器，能射出 100 磅的石头

二十三、对付攻城槌和镰钩篙(falces)的方法很多。有人用绳索吊上一块块覆盖物和褥垫(culcita)放下城去挡在攻城槌要撞击的地方，好让它先碰上些软塌塌的材料，等撞到城墙上时劲儿已减了大半。

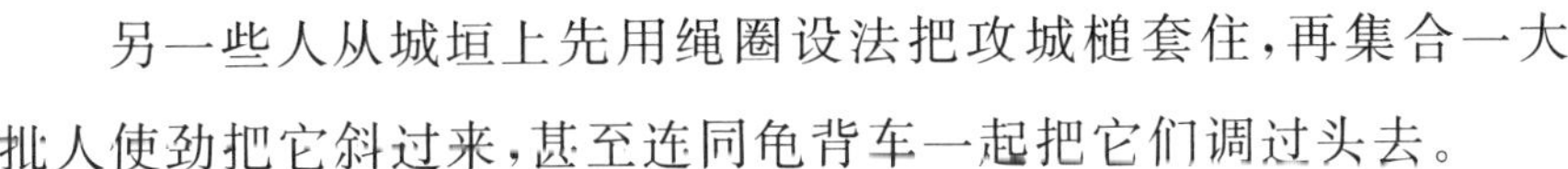

另一些人从城垣上先用绳圈设法把攻城槌套住，再集合一大批人使劲把它斜过来，甚至连同龟背车一起把它们调过头去。

还有人用绳索系上铁钳子或带尖齿的夹钳(forfex)，他们把这叫做“狼嘴”(lupus)，用这种夹钳去钳住攻城槌：或者让它调转方向，或者让它头朝上翘起，总之使它无法撞击。

有时，守城部队在城墙上将柱脚和石头柱子等重物来回晃动，借势往下扔去，让这些大家伙把攻城槌砸个稀烂。

但是，假如攻城槌的力量确实大到把城墙撞穿一个洞的话，这也是常有的事，甚至还有把城墙撞塌了的，那也仍有一线得救的希望：把城里最靠近的房子毁掉，这就等于又耸起来一堵墙，要是敌人胆敢从豁口里穿过来，那他们就难免送命于两堵墙垣之间。

图 4-44　铁钳子(狼嘴)钳住了攻城槌,让它头朝上翘起,无法继续撞墙

二十四、攻城的另一个方法是隐蔽的地下攻城法。这种方法也称作钻洞法,它的别名叫兔子钻穴。兔子在地下挖多处洞穴,在里面藏身。

如果敌方围城的人很多,他们就会投入很大的人力在地下挖通道,就好像用手工采金、采银的穷人在寻找金矿、银矿的矿脉时挖掘矿坑一样。敌人在挖好坑道之后就等于给城里人建造了一条送葬之路。

敌方要想达成这种隐蔽的攻城法可以采用两种计谋。他们或者趁夜间从地道潜入城内,向毫无警觉的市民发起攻击,打开城门,放自己的部队进城,到处杀戮尚未搞清怎么回事的对手;或者前出到城垣墙基前，刨出一大块墙基，把一些干燥的方木放下去，暂时支撑住很快就会倒塌下来的垣墙，然后再把枯树枝和其他很容易点燃的材料堆放在上面。如是，他们让部队做好各种准备之后，便点火烧着这些东西。当这些木质的支撑和树枝行将燃尽时，城墙就会突然倒塌下来，这样攻城的通道也就打开了。

二十五、有无数的实例足以证明，突入城里的敌人往往会被消灭殆尽。之所以会出现这种情况，无疑是由于该城的军民还控制着城墙和塔楼，占据着市内较高的地点的缘故。此时，人们会不分年龄、不分性别地从窗户里，从楼顶上向敌人投去石块和其他各种投掷器材。为避免出现此类状况，攻城部队通常要故意放松对有些城门的围困，好让该城的军民有机会外逃，从而停止抵抗。绝望往往会铸成某种表现勇气的必然性。事实如果当真如此不幸，那对市民来说就只剩下一种生机（不管敌人是夜间还是白天突入城里）——控制住城墙和塔楼，占领较高的地点，在各处，无论大街小巷攻击敌人，与他们周旋到底。

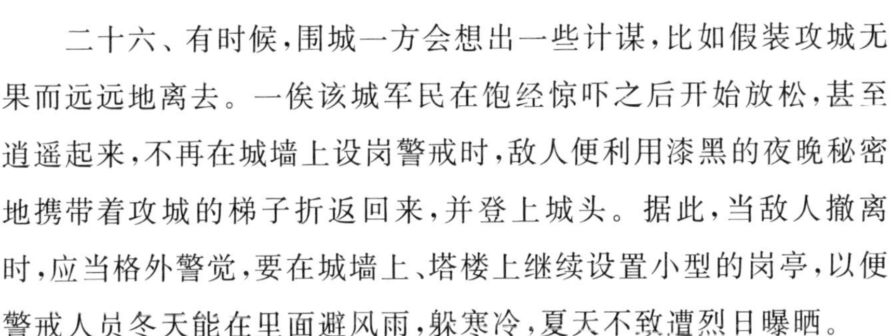

二十六、有时候，围城一方会想出一些计谋，比如假装攻城无果而远远地离去。一俟该城军民在饱经惊吓之后开始放松，甚至逍遥起来，不再在城墙上设岗警戒时，敌人便利用漆黑的夜晚秘密地携带着攻城的梯子折返回来，并登上城头。据此，当敌人撤离时，应当格外警觉，要在城墙上、塔楼上继续设置小型的岗亭，以便警戒人员冬天能在里面避风雨，躲寒冷，夏天不致遭烈日曝晒。

实践还使人们养成一种习俗：在塔楼里喂养几条很厉害的嗅

觉特别灵敏的狗，它们能凭嗅觉觉察到敌人已经临近，而且用吠声告知你这个消息。鹅也同样是一种十分灵敏的禽类，它们也会以叫声告诉你有人在夜间突然来袭的消息。要不是一大群马利鹅洪亮的叫声把已经登上卡皮托利尼城堡的高卢人吓退下去的话，也许他们会把罗马人的姓字永远地磨灭掉了。出于惊人的警觉或者说是某种机遇，一群禽类居然拯救了注定要去统治整个世界的那批人的命运。

二十七、不仅在围城时，而且在其他各种形式的战争中，努力探明与敌人习惯有关的一切，并设法精细地了解这些习惯，至关重要。比如你应该知道敌人什么时候停止一天中辛苦的劳作，什么时候他们比较松弛，这个时间有时在中午，有时在傍晚，更多的是在夜间，也可能在他们开饭时，在双方都要休息或者为适应某种身体上的需要的时候。否则，你如果不了解这些，就无法选定有利的伏击时机，当城里出现这种情况时，狡猾的围城者往往会故意中止交战，促使对方进一步放松警觉。当对方对这种懒散现象不加节制而愈演愈烈之际，围城部队便突如其来地把攻城机械前移过来，把梯子靠上城墙，于是城市被攻占了。所以说，任何时候在城头上都应当随处准备好石块和其他的投掷材料，一旦发现这种袭击，飞奔上城的人便能随手抓起来与敌人拼斗或朝他们的脑袋砸过去。

二十八、要是围城部队中也出现这种懒散现象，他们同样可能遭到类似的突然袭击。当他们开饭或者睡觉时，由于无所事事

或者出于某种需要而分散出去活动时，城里的军民便可能突然来一次出击，把毫无准备的他们杀得落花流水：攻城槌和机械车辆被烧毁，土堤和将用以置城里人于死地的所有设施尽遭毁坏。为了防止发生这类情状，围城部队将壕沟挖在弓箭的射程之外，而且外侧还要用围子和桩柱，甚至小塔楼加固之；万一城里出来突袭也可以凭此抵挡一阵。这种设施叫做洛里卡（小胸墙）。[通常，历史学家在记叙围城时常常会这样表述：城市被一连串洛里卡所围住。]

二十九、投掷器材，不管是铅球也好，矛、标枪、长矛也好，只要从高处朝位置在低处的人扔去，力度就大。张弓射箭，用手、投石带或棒投器投掷石块，其射程和投掷距离都同投射点的高度有关：投射点的高度越高，其落点就越远。

各种弩炮，要是由富有经验的人认真操作，那比其他任何武器都厉害。无论是勇敢精神还是别的防御工事都无法保护战士们抗御其攻击。它们就像闪电一样破坏力极大，各种设施一旦被命中，不是被其击毁，就是被它们穿透。

三十、攻城梯和攻城机械对夺占城垣能发挥极大的作用，但其高度必须超过城墙上防御工事的高度。这个高度可以通过两种方式予以认定：一是取一支箭，将一根细细的可任意延伸的亚麻绳的一端缚在箭上，把这支箭射上城头，亚麻绳的长度便是城墙的高度；二是当太阳西斜的时候，塔楼和城垣会在地上投下它们的斜影，此时在不被敌人发觉的条件下去丈量一下这个影子的长短，同时在地里埋上一根 10 英尺高的杆子，用同样的方法再丈量其影子的长度。这时,按这根 10 英尺长的杆子的影子就很容易确定城墙的高度了。众所周知,某一物体投下的影子的长度取决于该物体的高度。

我认为,我在这里记叙兵法著作家们有关围城和守城的看法或者那些已为必要的近期经验所证实了的内容,那都是为了公众的利益。另外,我曾一而再、再而三地提醒大家千万千万注意,无论如何不要突然发生短缺水和食物供应的情况,因为这样的灾祸是任何兵法所无法补救的。据此,在城里必须储备尽可能多的东西,众所周知,围城的时间取决于围城一方的意愿和能力。

卷　五

战无不胜的皇帝，遵奉陛下您的圣命，我觉得在结束了记叙陆地战争的方法之后，还有一项涉及海上战争的内容应予补述。

在叙述海战之实施方法时，我应力求做到言简意赅。

很久以来，我们的海面一直相当平静，我们同蛮族人的战争一般只限于陆地。

罗马人民的水师时刻保持着严阵以待的状态，那是为了国家的荣誉、利益和尊严，而不是出于某种冲动而激发起来的所谓必要性；或者说，水师始终处于战备状态正是为了避免这种必要性。如果明知一个王国和它的人民在遭到外来入侵时能够迅速给以反击，并对此种贸然行为进行惩罚，那么显而易见，任何人都是不会下决心去向这个王国及其人民挑起战争，或者对之施加侮辱的。

一、在米塞农和拉韦纳，通常军团都配有水师，以便万一需要水师保卫城市时能就近解决；他们能够快速地驾起舰船径直驶向世界任何地方。高卢、西班牙、毛里塔尼亚、阿非利加、埃及、撒丁和西西里都离米塞农的水师不远。从拉韦纳水师一般可直航伊庇鲁斯、马其顿、亚该亚、普罗彭提斯海、攸克辛海，也可以去东方、去塞浦路斯和克里特岛。

在战事中兵贵神速通常比之勇敢精神更加有益。

二、停泊在坎帕尼亚的利布尔纳舰船的上司是米塞农水师的水师长官；在伊奥尼亚海的则属拉韦纳水师的水师长官辖领。两位水师长官各统领10名保民官，而每位保民官又指挥着若干个大队。每个利布尔纳（水师单位）属下领若干名舰长（nauarchus）。也就是这些船主、舰长，除去负责舰船的有关职责之外，还应当每天关注舵手、桨手和各类人员的日常训练。

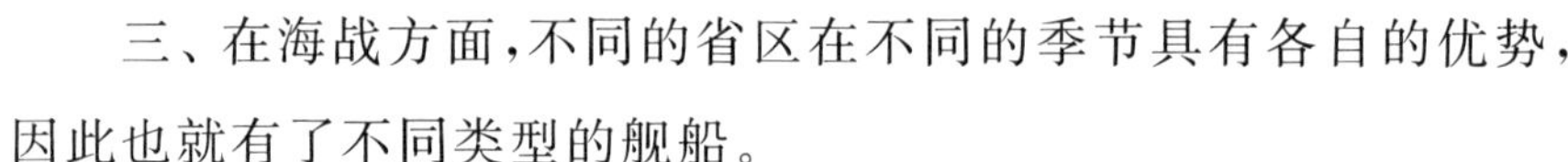

三、在海战方面，不同的省区在不同的季节具有各自的优势，因此也就有了不同类型的舰船。

当年屋大维在亚克兴角海战中主要就是靠了利布尔纳舰打败安东尼的。从这次重大海战的经验中可以看出利布尔纳舰比之其他型号的舰船更有用。因此，后来罗马的统治者皆以其为样本，取其名称，按其模式建立自己的水师。

利布尔尼亚是达尔马提亚的一部分，其主要城市为亚捷尔季纳①。

① 即今之扎达尔，亦称萨拉。

如今建造的舰只都是按这个省的舰船为模型,之所以取名利布尔纳舰也由来于此。

四、建造一座房子要注意石头和沙灰混合土的质量,建造一艘舰船就更必须从各个方面谨慎仔细认真对待。这是因为登上一艘构造得不好的舰船比住进一幢不好的房子要危险得多。

利布尔纳舰主要的材料是柏、家松和野松,以及云杉;使用的钉子是铜的,不是铁的。虽然这样做成本要大许多,但更牢靠,而且是合适的,因为铁钉遇上热气和潮湿容易生锈,而铜钉即使泡在水里也仍然能保持原有的金属性能。

五、特别值得注意的是建造利布尔纳舰所用的木料都是在每月 15～22 日之间砍伐的。只有在这八天之内砍伐的木头才不会腐朽,同年的其他日子里砍伐下来的木头会被虫子从内部蛀坏,渐渐变酥、变烂,这一点既已由造船技艺作出过解释,也业经造船工人的日常实践所证明;此外我们从对宗教信仰的观察中也能看得出来,因为只有这几天可以说才始终是黄道吉日。

六、最适宜于砍伐林木的时间是在夏至过后,也就是七、八两个月,以及秋分时节,亦即到元月朔日之前,因为这几个月内树液开始发干,树身变得干硬起来。

应当注意,不要在林木刚砍伐下来就把它锯成板材;而锯成材之后也不能马上送去造船,因为圆木也好,锯材也好都要经过一段相当的时间之后才能收水。假如用潮湿的木材去下料,当木材的自然浆液渗出时，就会挤到外面来，而且会出现宽宽的缝隙；对于船只来说，再也没有〔比木板上开始出现裂缝〕更危险的了。

七、至于舰船的规模，最小的利布尔纳有一排桨；稍微大一点的，是两排；比较普遍的有三排桨、四排桨，以至五排桨的。我希望不要有人嫌它大了。据报道，在亚克兴角海战中相遇的全是大得多的舰船，它们通常有六排，甚至更多排的桨。更大的舰船上还装着侦察小船，这种舰船每一侧配备有近 20 排桨手，不列颠人称它们为涂上了树脂的……[1]这种舰船是用来搞突然袭击的，有时候他们会骚扰自由航行，破坏为敌舰供应军需品的运输工作，跟踪拦截敌舰，并截获它们的计划。

为了不使这些侦察船过于显眼而暴露自己，它们的帆和大索都不用白色，而是用与海浪相似的海蓝色，甚至通常用来涂刷船体的蜡也改用这种颜色。水手和军士的军装也都一律采用海蓝色，如是，不仅夜间，即使白昼执行跟踪任务的那些人也不易被发现。

八、率领部队乘舰船航行的人，必须能够事先分辨风暴和漩涡的征兆。要知道，利布尔纳因遇上风暴和巨浪葬身海底的次数和船数，比亡于敌人之手的要多。

人们在观察大气现象时对风和狂风暴雨的特性重视程度不足，应当十二分地注意自然科学的这个分支。大海是不知道怜悯的。有先见之明的人因遇事谨慎而免灾；凡事漫不经心的人往往

① 原文如此。

会因疏忽怠惰而遭不测。

研究海洋科学的人首先应当了解有多少种风，并知晓它们的名称。古人根据天轴的位置只承认有从世界四个方向吹来的四种主要的风，但根据后来的经验统共确定了十二种风。为了不致引起疑惑，我用希腊和拉丁两种文字列举出它们的名称，先列主要的，然后再跟着提出与之相关联的从左右两侧吹来的另外几种。

让我们先从春分开始，也就是从东方的边缘开始，从那里吹来的风是阿费里奥忒斯风，亦即向阳风(东风)；由其右侧吹来的是凯基阿斯风，或者叫埃弗罗-博雷伊风(东北风)；从左侧过来的是埃弗尔风，或者叫武尔图伦风。控制南边的是诺特风，或者叫阿斯特尔风；由其右侧吹来的是列夫科诺特风，或者叫白诺特风；从左侧过来的是利勃诺特风，或者叫科尔风。居西边的是泽费尔风，也就是傍晚风；由其右侧吹过来的是利泼斯风，或者叫阿夫里克风；从左侧过来的叫亚品格风，或者叫法伏尼风。最后，北边那部分属于阿帕尔克季阿斯风，或者就叫北风；从其右侧刮起的是弗拉斯阿斯风，或者叫齐尔齐风；从左侧来的就是博雷伊风，也就是阿克维隆风。

这些风通常是一个方向的，有时也有两种合在一起的，要是大风暴则有三种合成的。一旦来一阵狂风暴雨，本来是平静而安宁的大海会立即掀起大浪，而且变得十分凶残。不同的季节，在不同的海域，海风轻轻吹拂，没有暴风雨，而是明媚的好天气；有时则不然，明媚的好天气会瞬息之间变成狂风暴雨。

和风吹拂时，舟楫可以抵达预期的港口；逆风时，舟楫应当停泊，或者调转方向返航，抑或被迫冒险顶风而行。只要细心地研究风的特点并注意观察，整船倾覆之事也并不是轻易就会发生的。

九、下面应当谈到关于月份和日期的问题了。法力无边而且容易发怒的大海,不容许人们整年都平安无事地在它上面航行,但一年之中有几个月份对航行来说是非常适宜的,有的月份则要冒很大风险,还有一些月份根据该海域的自然条件,对舰船来说根本无法航行。

耕作日结束,也就是在昂星团升起之后,从 5 月 25 日起,到大角星升起,也就是 9 月 16 日之前这一段时间,海上航行是平稳的。这是因为夏季风比较和缓。

自此以后,直到 11 月 11 日航行就会有问题,危险较大,因为在九月的望日①(9 月 13 日)之后大角星就升起来了。这是一颗裹着强劲风暴的最有威力的星星。而 9 月 24 日,秋分那一天一般会有非常厉害的风暴。10 月 7 日前后出现多雨的摩羯星座,同月 11 日是金牛星座。从 11 月起,冬季昂星团的降落所引起的频繁的狂风暴雨会严重影响航行。

从 11 月 11 日到 3 月 10 日,海上无法航行。在这段时间内,白昼短,黑夜长,天空中浓云密布,气氛晦暗,风力强劲,有时雨雪交加,不仅使任何舰船无法在海上行驶,即使在陆地上赶路也直不起腰来。

航海节,如果可以这样称谓的话,在许多城市里都要举行隆重的表演和公众演出。在此之后由于许多星座的影响,并从季节本

① 按古罗马历,每月中间的一日,约当满月之时为望日,在 3、5、7、10 月为 15 日,在其他各月为 13 日。

身的角度考虑，直到5月15日（五月的望日）海上航行总还有一定的危险。这倒并不是因为商人们缺乏干事业的毅力而在这种季节不敢出海，而是因为当军队乘利布尔纳航行时理应比受个人发财致富所驱使而不顾一切地出海的商人更要谨慎小心才是。

十、此外，某些其他星座的起落也会引起狂风暴雨。虽然在所有这些情况下，著作家们的见证为我们提出了某些日期；但出于多种原因，气象变化多端。应当牢记，由于认识的局限我们无法了解天体现象的所有原因，对于航海所必须关注的情况可以分成三类。众所周知，风暴可能准确地在预期的日子来临，也可能先于或者后于预期的日期发生。在希腊语中先于预期日子来临的叫冬前风暴，在预期日子发生的叫越冬风暴，滞后出现的叫冬后风暴。要把这些名称全部列出来，我觉得太长了，没有必要。许多著作家努力记述的不仅有每月发生的现象，甚至有每天发生的现象。

行星的运行，当它们每次按上帝的意志依指定的途径靠近或离开星座时，同样也常常成为明媚的天气变成阴霾的天气的原因。新月日必有暴风雨，对航海人是最可怕的日子，这一点不仅有经验的水手，就是普通人也都知道。

十一、即使天气晴朗，仍有许多征象可以说明暴风雨之将至；而当暴风雨肆虐之时，也同样会有征象说明天将放晴。这些征象都可从一面镜子里看清，这镜子便是月亮。

月亮呈淡红色将起风，呈浅蓝色将有雨，若是两种色彩相混，则预示着倾盆大雨和狂烈大风。月亮欢悦明亮的外貌告诉水手们天气将像它一样清朗，尤其当这是在这一现象连续出现的第四天之后，而月角并未变尖，月球没有呈现出淡红色彩，其光泽亦未因蒸发而显得混浊。

当太阳升起，或者当它被遮挡之时，阳光是欢快地直射下来，还是因为乌云涌现而有所变化；太阳是闪烁着通常的光辉还是受到风的影响而呈现出火红的颜色，这里同样有着很大的差异。它不应当显得苍白暗淡或者有日斑（太阳黑子），因为这预示着不久将有雨。

有经验的水手从空气、从大海本身、从云层的厚薄和形态中都能得到有关气候的启示。鸟类、鱼类也都能提供某些信息。

这是维吉尔在他的《农事诗》中以神祇的洞察力所作的理解；这也是瓦伦在其所撰写的有关航海事宜的书卷中所尽力记叙过的。如果舵手们说他们懂得航海之事，那他们所懂得的仅仅是实地经验教给他们的常识，未必有多少科学根据，也并不是高深的科学使他们掌握的知识。

十二、大海，作为自然原素，占世界的三分之一[①]。除去刮风能使其掀起波浪之外，它是自我吐纳，自我运行的。在某些时刻，包括白昼的和夜晚的，它在一种（按希腊话）叫做雷乌乌的急流中前后运动，并按照奔流不息的江河的习俗时而灌注到土地里，时而流入自身的深处。这种双重性不断地变化着海水的流向；如果是顺流，那就有利于舰船之航行，要是逆流，则会阻滞之。实施交战时必须十二万分地谨慎着避免后者。

① 原文如此。

涨潮和落潮的急剧性是桨力所无法克服的，有时即使有风可张帆，往往也不得不对它退避三舍。由于地形不同，由于月相不同（月满或月缺），在某一时刻涨潮、落潮会有变化，准备进行海战就必须在战前很好地把握大海和当地的特点。

十三、水手和舵手的技能也表现在是否清楚地知晓他们准备航行的地方的状况，那里的海湾，以至能否绕过危险地段，隐蔽的和突显的礁石、浅滩和沙滩。舰船航行的海域越深，航路越安全。

对船长（舰长）的要求主要是慎重周密，对舵手的要求是富有经验，对桨手则要求双手强壮有力。海战一般是在平静的海面上进行，而利布尔纳不管多大，它们的运行不是靠微风吹动，而要靠桨来摇动，要靠自己的撞角去撞击敌舰而制胜，同时要避开敌方撞角的攻击。在这种情况下，胜利之取得就要凭桨手的手劲和舵手操纵舵把的技巧。

十四、陆地会战需要各种各样的武器；海上会战则不仅要求有多种武器，而且犹如在城墙和塔楼附近的战斗一样，还要求各种机械和投掷兵器。的确，也许会有比海战更加残酷的战斗，但在海战中人们既会溺水而亡，也可能葬身火海。因此，对于水兵是否得到良好的护卫，军士能否穿上铠甲，戴上头盔以及护腿等等，都应予以格外的关注。任何人都不能抱怨武器装备太过笨重，因为会战时人们只能站在各自的位置战斗；由于必须防止受到石块和更大的石头的攻击，他们使用的盾往往要更牢固些。除去镰、钩和其他海战武器之外，他们还要相互投掷矛，并准备好类似箭、标枪，用投石带、棒投器投掷的石块、铅球，用各种弩炮抛射的大石头，用蝎子弩射出去的小箭镞等一类投射物。

如果军人们想望建立功勋，乘上利布尔纳驶近敌舰，搭上跨桥，从桥面登上敌舰，即时在那里用手中之剑展开白刃格斗，正如人们所说那是胸膊对着胸膊的肉搏战，这种交战就更加危险了。在大型的利布尔纳舰上建有射孔和塔楼，以便能从更高的甲板上，就好像从城头上去杀伤或致死敌人一般。燃火箭是涂上了燃料的，还包裹着带硫黄和沥青的麻絮，由弩炮发射；它们能直接穿进敌舰的船体内，而且能立即使涂上了那么多蜡、树脂、松焦油等易燃材料的木板着火烧起来。有些人死于刀剑矢石之下，另一些人则浑身着火跳入海中丧命。海战中人的阵亡的方式多种多样，但最惨的莫过于尸体未得安葬而被鱼类吞食。

十五、同陆地会战一样，海战也常有向缺少经验的水兵发起突然袭击，或者在岛屿附近离狭窄水道较近的合宜地点部署埋伏的情形。这样做更便于杀伤无准备之敌。

如果敌人的水手因长时间摇桨而疲惫不堪，如果他们遇上逆风，如果他们的舰船顶着海浪的走势逆向而行，如果敌人睡觉时毫无戒备，如果他们停泊的地方没有第二条航道，如果实施海战的时机非常有利，遇到这些情况，那就应当把实力同天赐良机结合起来，充分利用大好时机，打它一场会战。假若敌人十分谨慎，躲过了设伏，而强使在公海上投入战斗，那就应当布好利布尔纳的作战线。但不要像在陆战战场上那样布成直线，而要布成类似于新月一般的弯形，也就是使两翼朝前，而中央则向纵深处后退，呈海湾状。如果敌人企图突破舰阵,他们很可能因你布设了这种阵法陷入包围圈而被歼。因此,务必把主要的精锐舰只和兵力部署在两翼,因为他们体现着你所拥有的实力,是整个军队的精华。

十六、除此之外,你的舰队始终要停驻在宽阔的深海一侧,而把敌人的舰队挤压到岸边去。靠海岸的一方会失去神速攻击的机会,这对你是相当有利的。

实践证明,在类似的海战中有三种武器对赢得胜利十分重要,这便是:撞柱(攻城方木)、镰钩篙和钺。

撞柱是一根像横桁一样的用粗绳索吊起的细长方木,头尾两端都包有铁皮。当舰只驶近敌舰时不管在其右侧还是左侧,都可使劲地推动这根撞柱,像使用攻城槌一样。这时那撞柱就会结结实实地将敌军的水手撞倒,有时还能把船体凿穿。

镰钩篙是一种很锋利的铁器,弯弯的像把镰刀。这东西紧紧地安在很长很长的篙竿上,用它可以出敌不意地割断挂着横桁的绳索。帆一掉下来,利布尔纳就行动迟钝,甚至动弹不得了。

钺是一种双面都有又宽又锋利的刃的斧子。交战正酣之际,经验丰富的水兵或军士登上小舟,悄悄地用它去割断敌船的舵绳。这时敌船顿时会变成解除了武装丧失任何实力的民用船。一艘舰船若是没有了舵,那它还有什么指望呢?

现今在多瑙河上每天都有巡逻艇(lusoriae)像流动岗哨一样在执行警戒任务。关于这种舰艇,我想已没有什么好再说的了。一种东西既然已经常常在使用,那在技艺方面也就没有必要再从古老的学科中去作更多的发现和完善措施了。

要目注释和索引

说明:1. 条目按汉语拼音字母排列,随附俄英两种文字的译名;2. 各条末端的数字表示卷次和节次,属俄译文稿题注和中、英译本序者另注明。

A

阿德里安堡战役 Адрианопольское сражение;Adrianople,Battle of 公元378年8月9日,罗马皇帝(东部)瓦伦斯率领的军队同弗里蒂根统率的日耳曼西哥特人的部队在今土耳其境内的埃迪尔内(阿德里安堡附近)的一次战役。西哥特人的骑兵打败了罗马军的步兵。据史载,罗马人损失达4万人,瓦伦斯阵亡。这次失败使罗马帝国元气大伤,加速了它的崩溃;同时也标志着日耳曼人大举进犯罗马领土的开端。中译本序;英译本序。

阿尔比努斯 Албин;Albinus 全称奥卢斯·波斯图米乌斯·阿尔比努斯。生卒年月不详。公元前2世纪努米底亚王国已是罗马附庸,罗马奴隶主对这一富庶地区早有控制野心。前113年努米底亚发生王位之争,朱古达打败罗马人支持的对手,并在前112年攻下瑟塔时杀了一批意大利商人。前111年罗马元老院向朱古达国王宣战。罗马派往努米底亚的将领作战不力，屡屡败北。其中便有奥卢斯·波斯图米乌斯·阿尔比努斯。前 110 年初朱古达迫使他整军投降，并将他们逐出努米底亚。前 109 年梅特卢斯任执政官，在北非击败过朱古达。罗马最后打赢这场战争是前 107 年马略当选执政官以后的事。3—100。

阿非利加 Африка；Africa 本书所指阿非利加应该是古罗马的阿非利加行省。这是罗马在非洲的第一个领地，大体相当于今突尼斯。前 146 年罗马在第三次布匿战争中消灭迦太基之后取得。前 1 世纪恺撒在这里建立 19 个殖民地，把阿非利加的边界向南扩展到撒哈拉沙漠，向东推进到锡德拉湾最南端的阿雷费利诺拉姆，在西面他把旧阿非利加和新阿非利加合并，以安普萨加河为界。戴克里先则将旧阿非利加行省的南部和东部分出去，设拜扎锡和的黎波里塔尼亚两个行省。罗马最初兼并时当地居民为利比亚人，他们住在小村子里，文化比较原始。前 1 世纪起，这里有了繁荣达 400 年之久的环境。到 4 世纪末城市生活衰落。430 年日耳曼族汪达尔人来到这里，不久便以迦太基为他们的都城。1—1、1—8、1—28；3—10、3—23、3—24；5—1。

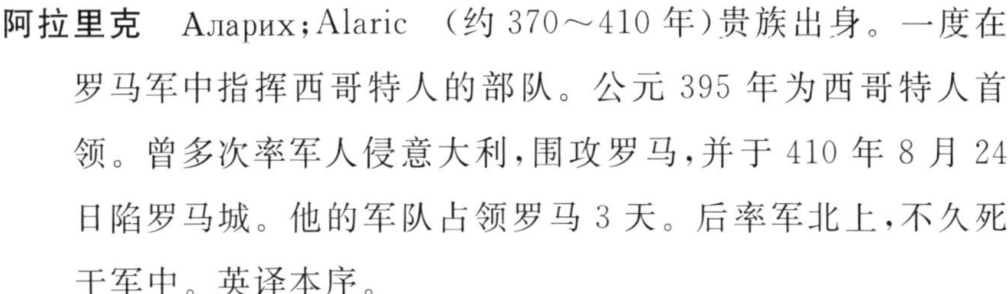

阿拉里克 Аларих；Alaric （约 370～410 年）贵族出身。一度在罗马军中指挥西哥特人的部队。公元 395 年为西哥特人首领。曾多次率军入侵意大利，围攻罗马，并于 410 年 8 月 24 日陷罗马城。他的军队占领罗马 3 天。后率军北上，不久死于军中。英译本序。

阿兰人 Аланы；Alani 古代占据黑海东北部草原的游牧民族，

擅长饲养马匹，经常袭击安息和罗马的高加索各行省。约公元370年被匈奴人征服，大多数迁往非洲。据说，接受匈奴统治的部分是高加索奥塞梯人的祖先。1—20;3—32。

阿米阿努斯·马尔切利努斯 Аммиан Марцеллин; Aminus Marcellinus (约330～395年)罗马史学家。出身希腊贵族家庭。曾服役于君士坦丁二世军中，转战高卢和波斯，后脱离军队，游历埃及和希腊，最后定居罗马。他的《罗马史》，从涅尔瓦即位一直写到瓦伦斯去世，共31卷，但仅存后18卷，即记述公元353～378年间的事件，是塔西佗史著的续编。该书记述清晰全面，作者具有军人气质，判断有主见，知识渊博，内容涉及从西方到东方实施罗马帝国政策的各个领域，对帝国的经济和社会问题均有生动的描绘。英译本序。

埃及 Егинет;Egypt 世界古国。古代近东文化主要发源地之一。尼罗河孕育了埃及的文化，对现代西方文化的形成和非洲文化的发展都有相当的影响。埃及古代史通常分为31个王朝(约前3100～前332年)。其间波斯帝国曾两度入侵，建立了第27(前525～前404年)和第31(前343～前332年)两个王朝。前332年马其顿王亚历山大大帝入侵，灭波斯王朝，结束了延续3000年之久的“法老时代”。此后进入希腊化时代。亚历山大死后，其部将托勒密·索特尔于前305年称王，创建了托勒密王朝。前30年罗马军队开进埃及，女王克娄奥帕特拉七世自杀身亡，托勒密王朝崩溃。当时埃及内部组织还相当完善，国家富足。罗马皇帝将埃及作为私产，任命长官进行统治；埃及长期成为罗马的谷仓。到3世纪末期，罗马帝国的政治与经济局势衰败，帝国分成东西两部；埃及被划分为3个省，隶属东罗马（拜占庭）。到4世纪中叶，埃及成为主要的基督教国家。中译本序；5—1。

安东尼·马尔库斯 Антоний Марк；Antonius Marcus （约前82～前30年）古罗马政治和军事领袖，恺撒部将，历任会计官、占卜官、护民官等职。庞培撤出意大利半岛之后，恺撒任命他镇守意大利。法萨卢斯决战中助恺撒打败庞培。恺撒遇刺后曾任山外高卢中部和北部地区以及山南高卢（意大利北部）的总督。公元前43年，与屋大维、李必达结成后三头同盟。三个执政分治罗马帝国，安东尼主管东方各行省。前32年，三头政治正式结束。在安东尼与屋大维的妹妹正式离婚后，屋大维即向安东尼宣战。前31年9月2日在安布拉基亚湾外的亚克兴角附近进行最后决战。失败后逃到埃及。前30年7月屋大维到达亚历山大里亚，安东尼于8月自尽身亡。中译本序；5—3。

安条克（七世） Антиох（Ⅶ）；Antiochus（Ⅶ） （约前159～前129年）叙利亚塞琉西王国国王。德梅特里一世之子，德梅特里二世之弟。在希腊群岛度过青年时代。公元前141年，德梅特里二世与安息人作战被俘，特赖丰篡位。前139年安条克七世回国，将特赖丰赶走。要求犹太人承认他的霸主地位，遭犹太人拒绝，于是兴兵讨伐，未果。前135年又亲自攻打耶路撒冷，在取得巴勒斯坦后开始收复祖先所占有的东部领土，把安息人赶出了美索不达米亚。前129年初，安息人突然袭击塞琉西王国的冬季营地，安条克七世被杀身亡。3—24。

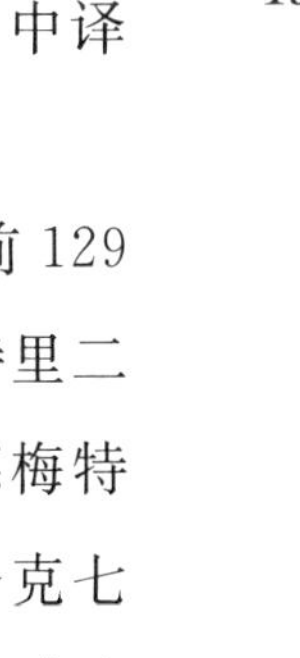

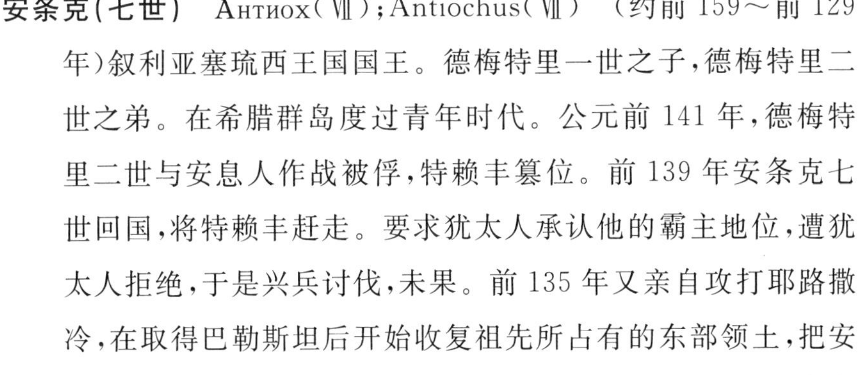

B

巴利阿里群岛 Балеарские острова; Balearic Islands 在地中海西部，距西班牙东部海岸80～300公里。由东西两大岛群组成。面积约5000平方公里(包括皮蒂乌斯群岛)。群岛为西班牙本土安达卢西亚山脉的延伸部分。早在2600年前就有人居住。罗马统治时期繁荣达5个世纪。1349年以前为半独立王国，是中世纪制图和航海学的中心。1802年根据亚眠条约成为西班牙永久领地。现行政上为巴利阿里省和巴利阿里群岛地区。省会帕尔马。经济以自给性农牧业为主，旅游业发达。1—16。

拜占庭 Византий; Byzantine “拜占庭”一词源于古代希腊在博斯普鲁斯海峡西岸的一个殖民地的名称。它是地中海和黑海、欧洲和小亚细亚之间的交通要冲。公元330年罗马皇帝君士坦丁建“新罗马”于此，易名为君士坦丁堡。6世纪上半叶以前，罗马帝国东部诸省通称“东罗马”；7世纪后，帝国东部发展很快，与早期罗马帝国大有不同，史称“拜占庭帝国”。拜占庭是一个多民族的国家，其文明对欧、亚两洲的一些“蛮族”影响颇大，外族的影响、干扰、入侵也始终贯穿于拜占庭的全部历史。10世纪以后，拜占庭日益衰落，在外族的打击下终于灭亡。中译本序；俄译文稿题注。

波斯人 Персы; Persians 1935年以前伊朗的正式名称叫波斯。该名称起源于伊朗南部的波西斯地区(亦称帕尔萨，现代称法尔斯)。波斯人是一个印欧语系的游牧民族，约于公元前

1000 年移居这一地区。在波斯阿契美尼德王朝(前 559～前 330 年)统治时期,古希腊人第一次遇到伊朗高原上波西斯地区的居民。1—28;3—10。

不列颠人 Британлы;Britons 6 世纪以前居住在不列颠的民族,可能在公元前 7 世纪或前 6 世纪开始来不列颠岛,他们已与不操印欧语言的土著混血。5—7。

布鲁图 Брут;Brutus (前 85～前 42 年)公元前 49 年罗马内战期间支持庞培,法萨卢斯战役后得恺撒宽宥,结为友。前 46 年出任山南高卢总督,前 44 年任城市大法官。反对恺撒独裁,志在恢复共和政体。前 44 年 3 月 15 日,与卡西乌斯等一批同道,在元老院议事厅阴谋刺死恺撒。旋与卡西乌斯等逃往希腊,准备抵抗恺撒的继承人。前 42 年腓力比战役中败于屋大维、安东尼联军、遂自杀。他是一个斯多噶派学者,写过许多哲学论文和文学作品,但这些著述绝大部分已佚失。中译本序。

布匿战争 Пуническая война;Punic war 布匿(迦太基)战争系指公元前 3 世纪和前 2 世纪罗马和迦太基之间为争夺地中海霸权而进行的战争。第一次布匿战争发生在公元前 264～前 241 年;第二次——前 218～前 201 年;第三次——前 149～前 146 年。其重大战役有:前 260 年在米雷附近和前 241 年在埃加迪群岛附近的战役,罗马人取得海战的胜利;前 217 年在特拉西梅诺湖和前 216 年在坎尼的战役,汉尼拔统率迦太基人取得胜利;前 207 年在梅陶罗战役和前 202 年在札马战役中,西庇阿统率罗马人取得胜利。第二次布匿战争使迦太基在地中海的统治遭到毁灭性打击。前149年罗马人发动第三次布匿战争，围攻迦太基城，两年不克。前147年小西庇阿接任前线统帅，他整顿军队，严密封锁迦太基城，切断一切供应，并于前146年春发起总攻。战斗持续一个星期，最后攻下中央要塞——比尔萨，城市终被攻陷。一座25万人以上的城市最后投降时只剩下5万人，幸存者被卖为奴隶，城市被夷为平地，迦太基的主要领地并入罗马阿非利加省，其余部分划归努米底亚。中译本序；1—28。

C

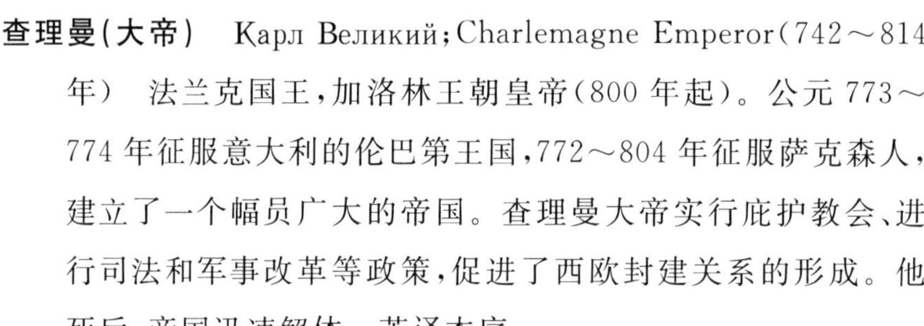

查理曼(大帝) Карл Великий；Charlemagne Emperor(742～814年) 法兰克国王，加洛林王朝皇帝(800年起)。公元773～774年征服意大利的伦巴第王国，772～804年征服萨克森人，建立了一个幅员广大的帝国。查理曼大帝实行庇护教会、进行司法和军事改革等政策，促进了西欧封建关系的形成。他死后，帝国迅速解体。英译本序。

查士丁尼一世 Юстиниан Ⅰ；Justinian Ⅰ(483～565年) 拜占庭皇帝(527～565年在位)。出生于托莱索的农民家庭。早年到君士坦丁堡投奔担任高级将领的叔父查士丁，在那里受到良好教育。公元518年查士丁做了皇帝，因年迈无嗣，收查士丁尼为养子，并授予要职。527年4月查士丁尼与叔父共执朝政。同年8月查士丁去世，他成为唯一的君主。对外曾多次发动侵略战争，先后征服北非、西西里、意大利和部分西班牙领土。查士丁尼希望社会安定，经济繁荣，于554年颁布一项“国事诏书”。对内非常重视法学研究，提倡法制，下令编纂罗马法典(《查士丁尼法典》)。还横征民力大兴土木，建筑了君士坦丁堡圣索非亚大教堂，沿多瑙河边界的城堡体系。晚年很少过问朝政，一心研究神学。3—3。

D

大流士(一世) Дарий Ⅰ;Darius I the Great, of Persia （前522～前486年在位）波斯帝国阿契美尼德王朝国王。安息省长希斯塔斯皮斯之子。曾作为居鲁士之子冈比西斯二世的侍卫前往埃及。公元前522年冈比西斯卒，大流士赶往米底，在一些贵族支持下杀死居鲁士的另一个儿子巴尔狄亚，宣称他是正统的阿契美尼德家族成员，恢复了王位。起初并未得到普遍承认，只得用暴力推行他的统治，因而激起广泛的反抗，原统治家族纷纷起兵，但都被一一镇压下去。在平定国内叛乱之后，发动几次巩固帝国边界，阻止游牧部落入侵的战役。随后又进攻里海东岸的西徐亚人，征服色雷斯东部和盖蒂人，跨过多瑙河侵入西徐亚王国的欧洲领土，夺取了爱琴海的利姆诺斯岛和伊姆罗兹岛。马其顿也望风降服。为了确保波斯人对亚细亚的希腊人的统治，他认为必须征服希腊。然几经交战始终未能如愿，并在马拉松被雅典人击败。于前486年怏怏死去。他实行行政、税制等多方面的改革，统一货币和度量衡，开辟海陆运输路线；尊重帝国内各民族的宗教，整修许多神殿，允许犹太人重建耶路撒冷大教堂。在位时是阿契美尼德王朝的全盛时期。3—1。

达达尼人 Дарданиы;Dardanians 巴尔干早期的部族之一,后被罗马人所征服。2—2。

达尔马提亚 Далмация;Dalmatia 现克罗地亚境内一地区。范围包括中部沿海地带和岸外亚得里亚海中一系列岛屿。沿海多海湾和港湾。已知最早的居民是伊利里亚人。公元前4世纪希腊人开始在此定居。前229年开始的罗马-伊利里亚战争延续了多年。前155年罗马文明传入。6～7世纪居住斯拉夫人。9世纪加入克罗地亚王国,12世纪初属匈牙利。12～15世纪初,一批中世纪城市公社兴起。5—3。

达西亚人 Даки; Dacians 古代北色雷斯部落集团,散居在多瑙河以北至喀尔巴阡山支脉一带。戴凯巴路斯国王把达西亚各部落统一为一个民族,领导他们与罗马帝国进行过多次战争,但他们居住的地区终于被罗马人征服。106年图拉真再次攻占达西亚王国的首都萨尔米泽杰图萨,戴凯巴路斯愤而自杀。107年达西亚成为罗马的一个行省。1—28。

戴克里先 Диоклетиан;Diocletian(245～316年) 罗马皇帝(284～305年在位)。家世不详。其父可能是解放的奴隶。公元284年在对波斯作战期间,共治皇帝努米里安被杀,部下拥戴戴克里先为帝。即帝位之初控制地区仅限于小亚细亚和叙利亚,实权有限。大部分地区仍臣服罗马皇帝卡里努斯。后在一场大战中卡里努斯被士兵所杀,戴克里先遂成为帝国的主宰。由于罗马帝国幅员辽阔,286年他选中伊利里亚农民的儿子马克西米安共治帝国。293年戴克里先为自己和马克西米安戴上“奥古斯都”尊号,另增设两位同朝皇帝加莱里乌斯和君士坦丁提乌斯，加封号“凯撒”，开创四帝共治的局面。他把帝国分为四个部分，下辖 12 个管区；同时加强军队，使军队人数增加到 45 万；整顿征税制度；使行政工作专业化，一切决定更多地依靠法律条文。305 年 5 月 1 日退位。1—17。

狄奥多西一世（大帝） Феодосцй Ⅰ；Theodosius Ⅰ the Great（347～395 年） 罗马帝国皇帝。出生于西班牙西北部加拉西亚省考卡附近，在西班牙长大。从 21 岁起便东征西战，屡建战功。379 年皇帝格拉提安任命他为共治皇帝，统治罗马帝国东部地区。380～387 年驻跸君士坦丁堡。383 年西班牙人马克西穆斯被拥立为皇帝，自称西方诸行省主宰，并于 387 年进占意大利。388 年狄奥多西亲率大军进入巴尔干半岛，大败敌军，马克西穆斯投降。392 年尤吉尼厄斯被拥立为罗马帝国西部皇帝，393 年春意大利被尤吉尼厄斯的军队占领。394 年 5 月狄奥多西从君士坦丁堡出征，但其先锋部队在突破敌人防线时损失惨重。次日，他发起孤注一掷的进攻，居然大获全胜。由于指挥作战过劳，于 395 年 1 月 17 日死于米兰，遗体运回君士坦丁堡，葬于君士坦丁二世建造的皇陵中。中译本序；俄译文稿题注。

狄奥多西二世 Феодосий Ⅱ，Theodosius Ⅱ（401～450 年） 东罗马皇帝（408～450 在位）。东罗马皇帝阿卡狄乌斯之子。性温和，喜读书。朝政由亲属和大臣把持。起先，禁卫军司令安提米乌斯摄政；公元 414 年改由皇姊普尔喀丽娅摄政。在位期间多次出兵征讨汪达尔人、波斯人和匈奴人。曾参与创立君士坦丁堡大学（425 年）和监督编纂狄奥多西法典（438 年出版）。后在狩猎时受伤去世。中译本序；俄译文稿题注。

蒂德乌斯 Тидей；Tydeus 荷马史诗《伊利昂记》中的人物，个子矮小，但极擅使唤兵器。1—5。

多瑙河 Дунай；Danube River 欧洲第二大河，全长2850公里（长度仅次于伏尔加河），流域面积81.6万平方公里。源出德国黑林山，流经奥地利、斯洛伐克、匈牙利、南斯拉夫、保加利亚、罗马尼亚、乌克兰等国。维也纳以上的多瑙河为山地河流；然后至铁门峡谷，流经多瑙河中游平原、下游平原，在罗马尼亚苏利纳附近注入黑海，并形成三角洲。有大小支流300余条，其中尤以德拉瓦河、萨瓦河、蒂萨河、奥尔特河、锡雷特河、普鲁特河等为要。干流上建有多座发电站，其中罗马尼亚和南斯拉夫合建的铁门峡大坝十分宏伟。著名的国际航道，自多姆尔以下可通航。中译本序；5—16。

F

法萨卢斯之战 фарсальское сражение；Pharsalus，Battle of 古罗马内战中恺撒与庞培的一次决战，公元前48年发生在希腊帖撒利境内的法萨卢斯。当时恺撒的兵力约2.2万人，庞培的军队计4.5万人。两军展开激战。庞培指挥失当，贻误战机，大败溃输，逃至埃及，被杀。恺撒在法萨卢斯的胜利加速了罗马奴隶制共和国的崩溃，有助于军事独裁制的确立。中译本序。

梵蒂冈钞本收藏馆 Рукопнсьныи архив Вантикана；Biblioteca Apostolica Vaticana 这是梵蒂冈的官方藏书馆，作为世界上

手抄本最丰富的收藏馆之一而著称。该馆源于15世纪在罗马建立的教廷藏书馆。20世纪70年代后期,该馆收藏90余万册图书和6.5万件手稿,其中不乏稀世之宝。俄译文稿题注。

弗龙蒂努斯 Фронтин;Frontinus (约35～103年)罗马高级官员,担任过多种军事和国家职务。早年在亚历山大里亚接受教育。公元70年任市行政长官,曾三度被推举为执政官。75年被派往不列颠行省任总督,其间组织指挥平息了威尔士地区强盛而好战的西卢尔人的起义,随即便在征服地区开展营造公路等建设事业。从43岁到62岁(即自卸职不列颠总督的78年到第二次就任执政官的98年)的20年间是他撰写大量著作的时期,其中不乏军事方面的著述,可惜迄今仅存《谋略》一部(四卷)。97年还担任过罗马城的渡槽总监,在治理水利方面声名卓著,并撰写了《论罗马城的供水问题》一书。《谋略》一书可以说是西方运用史例阐发兵法理论的最早的代表作之一。据说他还写过一部《兵法》,已散佚。不过3个世纪以后的韦格蒂乌斯在他所著的《兵法简述》中运用了弗龙蒂努斯的一些论述。中译本序;英译本序;1—8;2—3。

G

高卢(高卢人) Галлия(Галлы);Gallia(Gauls) 古罗马对高卢人居住地区的称谓,指波河和阿尔卑斯山之间(山南高卢)及阿尔卑斯山、地中海、比利牛斯山脉和大西洋之间(山北高卢)的土地。高卢人即今法国、比利时、德意志西部和意大利北部的克尔特人。公元前1500年开始，他们从莱茵河流域南下并向西移动，前5世纪到达地中海沿岸，前4世纪进入波河流域，并南下到达亚得里亚海意大利沿岸。前350年占有罗马人所谓的山南高卢全境。到前220年山南高卢又被罗马人征服，成为罗马一个行省。前58～51年山北高卢被恺撒征服（史称高卢战争）。前27年奥古斯都在平定阿尔卑斯山和比利牛斯山更远的地区之后，把山外高卢划分为4个行省：纳尔榜南西斯、阿基塔尼亚、卢格杜南西斯和比尔吉卡。5世纪初高卢土地被日耳曼部落征服，5世纪末并入法兰克王国。中译本序；1—1；2—2；3—10；4—26；5—1。

哥特人 Готы；Goths 日耳曼民族，分为东哥特人和西哥特人两支。起源于斯堪的纳维亚南部，后抵达波罗的海南岸，在打败汪达尔人和其他日耳曼民族后定居下来。公元2世纪后半期历经艰险从维斯杜拉地区迁移到黑海北部和西北部海岸。3世纪多次侵扰罗马小亚细亚和巴尔干半岛诸行省。在奥利安统治时期（270～275）迫使罗马人撤离多瑙河北部的达西亚省，并占领该地。居住在多瑙河和德涅斯特河之间的哥特人称西哥特人；住在今乌克兰地区的哥特人称东哥特人。哥特人于589年宣称信奉天主教，但后来又改宗阿里乌教派。英译本序；1—20。

格拉提安 Грациан；Gratianus（359～383年） 西罗马皇帝（375～383年在位）。先后与瓦伦斯和狄奥多西同朝执政。废除欠缴税款，广泛实行大赦。作为基督教卫士，率先拒绝大司祭的异教尊号，没收异教教会的土地和钱财，为基督教会提供许多

H

利本土连连获胜。前 204 年西庇阿率军在北非登陆，威胁迦太基的安全，汉尼拔遂于前 203 年撤离意大利，翌年指挥迦太基军与罗马军进行札马战役，结果大败。前 195 年离开迦太基，投奔叙利亚王安条克三世。安条克三世同罗马战争失败后，汉尼拔隐居亚美尼亚；因惧怕被引渡给罗马，于前 183 年服毒自尽。英译本序；1—28；3—导言、3—24。

荷马 Гомер；Homer 相传为古代希腊两部著名史诗《伊利昂记》（一译《伊利亚特》）和《奥德修记》（一译《奥德赛》）的作者。荷马这个名字早在公元前 8、前 7 世纪已为人所知。现在西方学者根据史诗的语言和它的内容，一般认为他可能生在前 9、前 8 世纪之间。关于荷马的出生地，说法不一致，其中以东方说较普遍，比较可信。多数古代记载说他是希俄斯岛人，或生在小亚细亚的斯弥尔纳，这两处都在爱琴海东边。荷马史诗《伊利昂记》和《奥德修记》，每部都长达万行以上：《伊利昂记》共有 15693 行，《奥德修记》也有 12110 行，两书都分成 24 卷。今天所能看到的荷马史诗的旧抄本，最早的是 10 世纪左右的本子。两部史诗都保存了不少手抄本，但内容相同，它们所根据的都是前 3、前 2 世纪间亚历山大里亚城的几位学者的校订本。最后校订荷马史诗的学者，最著名的有三人：一是泽诺多托斯（前 285 年左右），二是阿里斯托芬（前 195 年左右），三是阿里斯托芬的弟子阿里斯塔科斯（前 160 年左右）。两千多年来，西方人一直认为它是古代最伟大的史诗。中译本序；1—5。

赫拉克勒斯 Геркулес；Heracles 即罗马神话中的赫丘利。希腊

罗马传说中著名的英雄。众神之父宙斯和凡女阿尔克墨涅所生的儿子。力大无比,被称为大力神,建树过许多功绩。在意大利半岛被奉为商贾的守护神,又被视为赐人好运及济危救难之神。在文学艺术中被描写成一个中等身材体格强壮的人,食量惊人,十分好色,通常很仁慈,偶尔也大发雷霆。常用的武器是弓,有时也持棒。1—17。

亨利二世(英格兰的) Генрих Ⅱ(Английский);Henry Ⅱ of England(1133～1189 年) 英格兰国王(1154～1189 年在位)。亨利一世的外孙。一代雄主。通过战争和外交手段扩大领地,所控制的大陆领土较之中世纪其他任何一个国王所控制的更为广阔。接位之初,英格兰处于混乱之中,王权为内战和封建主的暴行所削弱。他首先镇压不法分子,运用当时的行政机构恢复政府的坚强统治。重用精力充沛又多才多艺的大臣贝克特,开始在全国各地恢复秩序和各类法庭。数年后,和贝克特(时任坎特伯雷大主教)发生冲突,结果产生了著名的克拉伦登宪法(1164 年),重申国王对教会事务具有传统的权力。制定的第一部综合性法令是克拉伦登条例(1166 年),规定了刑事审判程序,组成"公诉陪审团",对被告的审讯由国王法庭进行,这使全国得以实行刑事案件调查制度,作出合理的判决。这一制度以国王法庭定期到各地巡回为先决条件。其他两项改革也很著名:一是兵役免役税,以现金偿付应服的兵役;一是按照武器条例(1181 年)规定,凡符合财产规定的自由民有义务持有与其身份相称的武器。4 个儿子争权夺利,一再发生阋墙之争,老王最后在悲痛中死去。英译本序。

J

吉本·爱德华 Гнббон, Здуард; Gibbon, Edward (1737～1794年)英格兰18世纪的历史学家。出生于萨里的帕特尼的一个富裕家庭,父亲是国会议员。他的名著《罗马帝国衰亡史》记述从2世纪起到1453年君士坦丁堡陷落为止的历史。这部著作受到各方面的赞扬。俄译文稿题注。

加图(大) Катон(С.); Cato, Marcus Porcius (前234～前149年)罗马政治家、演说家、第一位重要的拉丁散文作家。出身农民家庭,参加过第二次布匿战争。先后担任过财务官、营造官和撒丁行政长官。公元前195年和弗拉库斯同时担任执政官,镇压了西班牙的一次暴动,建立了“近西班牙”行省。前191年在抗击塞琉西国王安条克三世的温泉关战役中战功卓著。前184年当选为监察官,全力维护罗马“古风”。通过了若干对奢侈行为征税的法律,坚决制止收税官滥用职权,并大力促进公共建筑物的兴建。为了尽量避免罗马与希腊化的东方接触,赞成让马其顿获得有限的独立,反对向罗得岛宣战。前153年出使迦太基后确信,这个罗马的宿敌日益恢复的繁荣已构成新的威胁。在每次演说结束时,总要提出告诫:“迦太基必须消灭!”生前总算看到对迦太基宣战(前149年)。对拉丁文学的影响颇大。至少发表过150篇演说,其中80篇留有片断。流传下来的唯一一部著作是写于前160年左右的《农书》。英译本序;1—8、1—13、1—15;2—3。

迦太基 Карфаген; Carthage 古代著名城市,相传系推罗的腓尼

基人于公元前814年(一说前825年)所建。今为突尼斯市郊区。“迦太基”为腓尼基语词,意为“新城”。建在北非海岸的一个三角形半岛上,南有狭长地带与大陆相连。罗马人称腓尼基人(迦太基人)为布匿人。布匿人善经商。前3世纪初曾征服北非、西西里、撒丁岛和南西班牙,成为地中海的奴隶制强国,因而导致了与罗马的冲突。在三次布匿战争(前264～前146)中败北,为罗马人所灭(前146年)。前29年恺撒以迦太基为罗马阿非利加行省的省会。不久迦太基又繁荣起来,与亚历山大里亚和安条克并驾齐驱。但在439年遭到汪达尔人的蹂躏,705年又被阿拉伯人占领,从此一蹶不振。罗马时代的迦太基虽已毁灭,但仍有很多遗迹可寻,如碉堡、水渠、神庙、音乐厅、剧场、澡堂、竞技场等的残存部分。3—导言、3—17。

K

喀尔巴阡山脉　Карпаты;Carpatian Mountains　欧洲中部的山脉,是阿尔卑斯山脉主干东伸部分。在多瑙河中游以北。从斯洛伐克的布拉迪斯拉发起,经波兰、乌克兰边境到罗马尼亚西南的铁门,绕成半环形。长约1500公里,分为西喀尔巴阡山、东喀尔巴阡山、南喀尔巴阡山。西喀尔巴阡山的格尔拉霍夫峰海拔2655米,为喀尔巴阡山脉的最高峰。奥得河、维斯瓦河等发源于此。森林茂密。多矿泉。矿藏有石油和天然气、煤、岩盐、钾盐、汞等。中译本序。

卡克斯顿　Кэкстон;Caxton　(约1422～1491年)英国第一个印

刷业者。1470～1472 年在科隆学习印刷术。1474 年设立印刷所。1476 年回国，在威斯敏斯特创办印刷所。作为翻译者和出版者，对英国文学有巨大影响。出版的图书能迎合几乎所有具阅读能力的公众的口味。出版了所能得到的当代所有文学作品，包括乔叟的《坎特伯雷故事》和他的其他诗歌。一生翻译过 24 种图书，有些还是长篇巨著，所出版的各类书籍约达 100 种。中译本序；英译本序。

卡皮托利尼 Капитолий；Capitoline 罗马古城是建立在 7 座著名的山丘之上的，卡皮托利尼即这 7 座山丘之一。其他 6 座山丘是：阿文蒂尼、卡埃利尼、埃斯奎利尼、帕拉蒂尼、奎里纳尔和维米纳尔。卡皮托利尼山上有米开朗琪罗设计的市政厅广场以及本城大部分著名的艺术陈列馆。4—导言、4—9、4—26。

卡西乌斯 Кассий；Cassius （？～前 42 年）公元前 53 年，作为财务官随克拉苏出征安息，后挽救了在卡雷被击败的罗马军队残部。随后两年，在叙利亚成功地击退了安息人的几次进攻。前 49 年成为保民官。在恺撒与元老院贵族党之间进行的内战中，他指挥庞培的舰队。法萨卢斯之战后受到赦免，并被任命为副将。前 44 年成为行政长官，并待任叙利亚总督，但仍发起组织了反对恺撒的密谋，并指挥了实际的刺杀活动。事后离开罗马，旋赴叙利亚，积聚力量，又至希腊，同布鲁图会合，组成联军。前 42 年与安东尼、屋大维的联军大战于马其顿的腓力比，遭失败，于绝望中自杀。中译本序。

恺撒 Цезарь，Юлий；Caesar，Julius （前 102/100～前 44 年）罗

马政治家、统帅。祖先是罗马贵族。16 岁丧父,受母亲奥莱莉娅影响颇深。从政初期支持民主派,担任过军事保民官、会计官、市政官、大法官、外西班牙行省总督等职。公元前 60 年回到罗马,参加次年执政官的竞选。与庞培、克拉苏结成联盟,形成所谓的“前三头政治”。前 59 年出任执政官。任期届满后又设法争得了出任高卢总督的委任,掌握了募集军队和进行战争的权力。虽身在行省,但仍巧妙地干预罗马的政治斗争。前 58～前 51 年进行高卢远征,征服了山南高卢全境,威望大增。前 53 年克拉苏战死,三头政治解体。他和庞培都竭力谋求个人独裁政权,两人关系日趋恶化。庞培充当了元老院共和国拥护者的首领;恺撒则成为共和国反对派的领袖,拒绝执行元老院要他遣散军队的要求,于前 49 年 1 月进兵罗马,内战随之掀起。经过伊莱尔塔、法萨罗斯、塔普苏斯和蒙达等地的交战,战胜庞培,终于成为罗马国家元首,成为独裁者。尽管形式上还保留着共和政体,实际上已集全权于一身,这就激起共和国贵族的强烈反对。前 44 年 3 月 15 日被布鲁图和卡西乌斯两人主谋刺杀身亡。中译本序;英译本序。

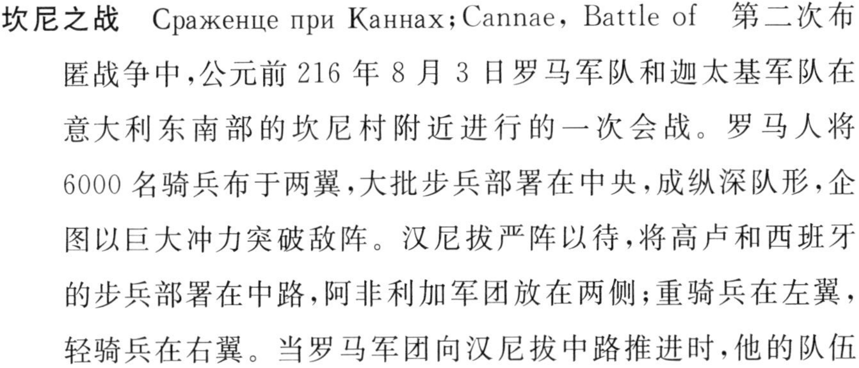

坎尼之战　Сраженце при Каннах; Cannae, Battle of　第二次布匿战争中,公元前 216 年 8 月 3 日罗马军队和迦太基军队在意大利东南部的坎尼村附近进行的一次会战。罗马人将 6000 名骑兵布于两翼,大批步兵部署在中央,成纵深队形,企图以巨大冲力突破敌阵。汉尼拔严阵以待,将高卢和西班牙的步兵部署在中路,阿非利加军团放在两侧;重骑兵在左翼,轻骑兵在右翼。当罗马军团向汉尼拔中路推进时,他的队伍后退成新月形。接战后，汉尼拔两翼的骑兵首先获胜，一部分迂回敌后。罗马步兵在中央直逼，遂落入陷阱。迦太基骑兵及其精锐的步兵重重包围了罗马军。由瓦罗指挥的罗马大军挤作一团，溃不成军。经过 12 小时的交战，罗马军队死 4.8 万人，其中包括一名执政官，25 名高级官员和 80 名元老院议员，被俘约 1 万人。迦太基军队死 6000 人。坎尼之战被认为是古代以劣势兵力包围并全歼敌人的一个范例。英译本序。

坎帕尼亚　Кампания；Campania　意大利中部一地区，濒第勒尼安海，在加里利亚诺河和波利卡斯特罗湾之间。公元前 6 世纪建区，首府在卡普阿。4 世纪末全区罗马化。后成为罗马的一个区。罗马帝国衰落后，先后属于哥特人、拜占庭人和伦巴第人。11 世纪被诺曼人征服。12 世纪并入西西里王国。后成为那不勒斯王国领土。1860 年归属意大利。5—2。

科尔内柳斯·内波斯　Корнелий Непот；Cornelius Nepos　（前 100～前 25 年）罗马历史学家、诗人。阿尔卑斯南高卢人。西塞罗的朋友。主要著作有《名人传》、《年代学》、《轶事集》等。《年代学》和《轶事集》已散失。《名人传》全书不少于 16 卷，收集了外国的和罗马的不少国王、统帅、历史学家、诗人、演说家、语法修辞学家的传记，其中《外国著名统帅》（23 人）和《拉丁历史学家》一书的摘篇《关于罗马史学家老伽图和阿提库斯》流传下来了。3—导言。

克尔特伊比利亚人　Кельтиберы；Celtiberians　自公元前 3 世纪起由伊比利亚人和克尔特人混血的部落，居住在塔格斯河和埃布罗河两河流之间的山地中，包括现今西班牙索里亚省绝大部分地区及与之相邻的公达拉哈拉省和特鲁埃尔省的大部分地区。在有史时期,克尔特伊比利亚人是由阿雷瓦西人、贝利人、蒂蒂人和卢松人构成。克尔特伊比利亚的物质文化受到埃布罗河流域的伊比利亚人的强烈影响。马嚼、短剑和盾牌证明克尔特伊比利亚人好战,他们发明的一种双刃西班牙剑后来被罗马人所采用。克尔特伊比利亚人最初于前195年归顺罗马人,但直到前133年小西庇阿摧毁努曼底亚之前罗马人并未完全控制他们。2—2。

克拉苏 Красс;Crassus (约前115～前53年) 公元前83～前82年在苏拉和马略派争雄的内战中支持苏拉,协助苏拉夺取政权。前73年担任行政长官,并于前72～前71年率军镇压斯巴达克起义。接着与庞培合作,迫使元老院选举他们两人为前70年的执政官。他拥有巨额财富,经常借钱给债台高筑的元老院议员,借此培植自己的政治势力。前65年当上监察官。前60年和庞培、恺撒联合组成所谓"前三头同盟"。前56年三巨头在伊特鲁里亚的卢卡聚会,次年他和庞培再次当选为执政官。前54年出任叙利亚总督。为了取得军事荣誉,他向东方的安息人发动进攻,结果在卡雷(今土耳其东南部的哈兰)战役中兵败身亡。中译本序。

克劳狄二世 Клавдий Ⅱ;Claudius Ⅱ Gothicus (214～270年)

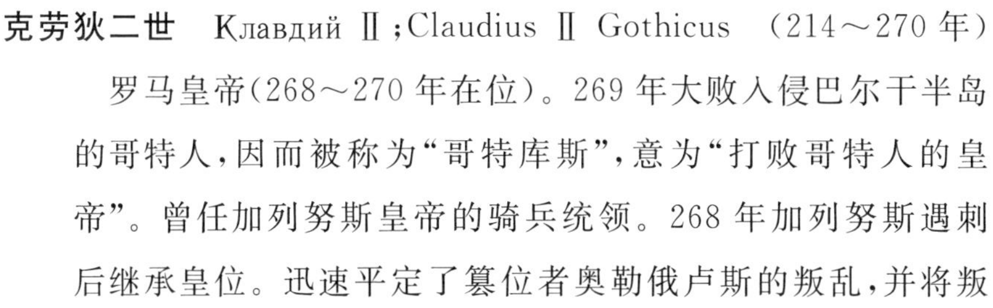

罗马皇帝(268～270年在位)。269年大败入侵巴尔干半岛的哥特人,因而被称为"哥特库斯",意为"打败哥特人的皇帝"。曾任加列努斯皇帝的骑兵统领。268年加列努斯遇刺后继承皇位。迅速平定了篡位者奥勒俄卢斯的叛乱,并将叛乱者引入的阿勒曼尼人逐出意大利。后来，又在莫西亚的纳伊苏斯（南斯拉夫的尼什）附近歼灭了一支庞大的哥特人的游牧部队。在准备征伐汪达尔人时染上瘟疫而去世。1—15。

克里特岛 Крит；Crete 希腊最大岛屿，地中海第五大岛。位于欧洲南端，在希腊本土与小亚细亚半岛之间的中点；距离非洲埃及和利比亚也仅为距希腊本土的两倍；是爱琴海的外围屏障。地理位置的特点给该岛的历史和文化带来深刻影响。公元前2600～前1125年岛上涌现了著名的米诺斯文化，曾建立米诺斯王国。此后，频遭异族入侵。1669年成为土耳其领地。19世纪末希土战争后，获自治地位；1913年正式划归希腊。5—1。

克桑提普斯 Ксантипп；Xantippous 美国人杜普伊写过一本《汉尼拔》（张孝林译，解放军出版社，1988年）。书中提到过桑提普斯（即克桑提普斯）。那段文字是这样的："公元前260年，……新建的罗马舰队与迦太基人在米雷附近的海面上遭遇，结果迦太基人遭到灾难性的失败。四年以后，罗马人在西西里岛南部埃克诺姆斯角附近的海战中以330艘战船打败了拥有350艘战船的迦太基……罗马利用这个机会在此建立起一个坚固筑防的兵营，军队也依仗着这块基地屡次击败迦太基军。迦太基人于是主动求和，可是罗马将军阿蒂柳斯·雷古卢斯提出的条件太苛刻，终于遭到迦太基人的拒绝。次年，一个名叫桑提普斯的斯巴达人接任迦太基军统帅并大败雷古卢斯。罗马慌忙派遣一支舰队将为数不多的幸存者撤走。"这段文字与本书所述基本一致。3—导言。

L

拉丁战争 也称拉丁同盟战争,古意大利半岛拉丁姆地区约三十个小城为了保护自身的利益并与邻近部落作战而结成同盟。公元前6至前5世纪,其中的罗马逐渐得势。公元前340～前338年,其他同盟者联合反对罗马,引发战事,即所谓拉丁(同盟)战争。前者败,附属于罗马,同盟遂解散。中译本序。

拉韦纳 Равенна;Ravenna 意大利北部城市。历史上作为西罗马帝国、东哥特王国、拜占庭、意大利的都城达350年。临波河,距亚得里亚海5英里。当地最早居民可能为公元前1400年从阿奎利亚迁来的意大利人。前89年成为罗马盟邦。前49年恺撒从这里进军,开始征服罗马。奥古斯都统治时期附近建立港口,遂成为古代水师基地之一。5世纪随着罗马帝国衰落进入重要历史发展时期。6、7世纪为意大利行政和海上贸易中心。751～754年被伦巴第人占领。754年后由大主教控制达几百年。神圣罗马帝国奥托尼王朝期间改拉韦纳主教区为完全独立于教皇的帝国封邑。1278～1859年由教皇控制。1859年并入,两年后成为意大利王国的萨蒂尼亚王国。5—1、5—2。

拉西第梦人 Лакедемоняне,Lacedemonians 居住在希腊拉科尼亚地区古都斯巴达城邦的人的历史称谓。斯巴达城位于伯罗奔尼撒半岛东南部,埃夫洛塔斯河右岸。拉西第梦人崇尚简朴,城邦建于公元前9世纪。拉西第梦人自7岁起,几乎直到老年都从事军事。他们的生活充满了严肃的军事气氛。前5

世纪后统治者热衷于战争和外交，伯罗奔尼撒战争结束（前404年）后，成为希腊最强大的城邦，确立了霸主地位。罗马帝国征服半岛后，斯巴达城遭西哥特人毁坏（396年），继而拜占庭居民移入，正是此时人们以荷马史诗中的拉西第梦称斯巴达。1—8、1—28、3—导言、3—10、3—17。

雷古卢斯·阿蒂柳斯 Атилий Регул；Attilius Regulus （活动时期公元前3世纪）罗马将军和政治家。公元前267年和前256年两度任执政官。曾在西西里东南海面上击败迦太基舰队，并率兵登陆非洲。在阿迪斯重创敌军，要求敌军无条件投降，但迦太基人仍坚持作战，并于前255年竟然击败罗马军队，并将其生俘。3—导言。

李必达 Lepidus，Marcus Aemilius 恺撒部将。前48～前47年管辖西班牙的一部分，前46年任执政官，前45年在恺撒麾下任骑兵司令。恺撒遇刺后参加安东尼阵营，前43年10月与安东尼、屋大维在波洛尼亚结成三头同盟。前42年再度出任执政官。与屋大维不和，于前36年被剥夺军权，仅保留"祭司长"头衔，后退出政界，隐居于拉丁姆沿岸一小城，至死。中译本序。

理查一世（狮心王） Ричард Ⅰ Львиное Сердце；Richard Ⅰ the Lion-Heart，of England （1157～1199年）英格兰国王（1189～1199年在位）。亨利二世第三子。11岁时获得阿基坦公爵领地，1172年在普瓦蒂埃登公爵位。具有政治和军事才能，曾以勇武驰名。在第三次十字军东征中占领了塞浦路斯和巴勒斯坦的阿克拉，使其在西方成为后世许多传奇中的英雄人物。英译本序。

利布尔尼亚　Лнбурния;Liburnia　古代达尔马提亚一地区名，濒亚得里亚海。当地以建造舰船闻名，所造舰船即以其地名称利布尔纳。5—3。

利涅　Ligne,Charles-Joseph,prince de　(1735～1814年)比利时军官和文人。利涅亲王拉英拉尔之子。所著回忆录以及同欧洲著名人士如卢梭、伏尔泰的通信，对比利时文学有重大影响。“七年战争”(1756～1763年)中为奥地利服役，卓有功绩。后成为神圣罗马皇帝约瑟夫二世的亲信顾问。1780年和1786年被派出使俄国女皇叶卡捷琳娜二世处；1788～1789年为俄罗斯和奥地利在俄土战争(1787～1792年)中作战。其回忆录和信札反映了他作为亲信出入欧洲各大国宫廷和沙龙的经历。英译本序。

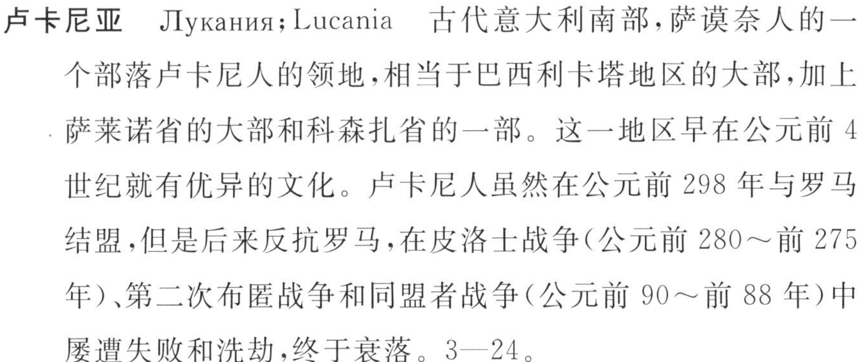

卢卡尼亚　Лукания;Lucania　古代意大利南部，萨谟奈人的一个部落卢卡尼人的领地，相当于巴西利卡塔地区的大部，加上萨莱诺省的大部和科森扎省的一部。这一地区早在公元前4世纪就有优异的文化。卢卡尼人虽然在公元前298年与罗马结盟，但是后来反抗罗马，在皮洛士战争(公元前280～前275年)、第二次布匿战争和同盟者战争(公元前90～前88年)中屡遭失败和洗劫，终于衰落。3—24。

鲁比孔河　Рубикон;Rubicon　亚平宁半岛上的河流。原为意大利和南阿尔卑斯高卢行省的界河。公元前49年，当地方总督盖犹斯·恺撒任期届满时，罗马元老院慑于其声望增高，拒绝延长他的任期，并命令他解散他的军队。但恺撒没有执行命令，并决定打破地方总督无权指挥军队越过意大利国界的禁令。1月10日，他口喊“骰子已经掷了”（即决心已定），渡过鲁比孔河，进军罗马，从而揭开了意大利内战的序幕。后来“横渡鲁比孔河”成为一句成语，表示破釜沉舟之意。中译本序。

罗得岛　Родос；Rhodes　希腊南斯波拉泽斯群岛的最大岛屿，位于爱琴海最东部。与土耳其隔马尔马拉海相望。古时岛上多蛇，腓尼基语蛇叫“埃罗得”，岛名盖出于此。遗迹表明当地早期受克里特人的影响。随米诺斯文化的解体，成为具有青铜器时代晚期文化的独立王国。多利亚人统治时期，岛人在地中海各地进行贸易，向意大利、西西里、西班牙和小亚细亚殖民，并控制了爱琴海的几个岛屿。公元395年起受拜占庭统治。653～658年和717～718年被萨拉森人占领。曾被各路十字军用作休整和补给基地。1523年后由土耳其统治；1912年落入意大利之手；1947年归属希腊。古代，罗得岛以绘画和雕塑中心闻名，有著名的讲演学校，罗马人加图、恺撒、卢克莱修等都是该校学生。当地的林达斯古代遗址以雅典林迪亚殿（前5～前3世纪）最为著名。4—20。

罗马　Рим；Roma　早在公元前2000年，建筑在7座山丘上的罗马古城一带便有人居住。至公元前8～前6世纪，形成政治上统一的王权城市。而后数百年，罗马人逐渐征服意大利半岛，势力遍及整个地中海地区，罗马帝国版图向大西洋方向拓展到欧洲大陆内部。1、2世纪之交，罗马国势和人口（100余万）达到高峰。2世纪末人口开始下降。3世纪瘟疫和经济灾难时有发生。4世纪末大规模外族入侵使罗马帝国终于崩溃。至6世纪末人口不足5万,城市完全受教会庇护。1420年建立教皇的绝对统治。1789～1867年被法国占领。1867年由意大利军收复,成为统一的意大利的首都。20世纪20～30年代发展成现代都市。散见于全书各卷各节。

M

马尔斯　Марс;Mars　古罗马宗教所信奉的战神,并被奉为“五谷之灵”。罗马典籍以他为国家的守护神。罗马国春秋两季即农事和征战季节都有马尔斯的节期。3月有许多节日都是奉祀马尔斯的节日。10月也是祭祀马尔斯的重要月份:15日要在马尔斯教场举行双驾马车竞赛;19日为兵器净化节,为武器祝圣,储备过冬。在奥古斯都统治时期,罗马崇拜马尔斯的习俗大盛。1—6、1—10、1—28。

马尔西人　Марсы;Marsi　古意大利一民族,居住在今阿奎拉省境富奇努斯湖(今已干涸)东岸。公元前304年与维斯提尼人、佩利尼人、马鲁奇尼人一起同罗马结盟。这种同盟关系维持到前91年同盟者战争爆发前夕。马尔西人崇拜医护女神安齐蒂亚。马尔西部落的名称来自战神马尔斯。马尔西人也是居住在鲁尔河及利珀河之间的古日耳曼一民族的名称。公元14～16世纪,马尔西人在历次罗马侵略战争中被击溃,自此便从历史上消失了。1—28。

马克西米安　Максимиан;Maximian　(?～310年)罗马皇帝(286～305年在位)。出身寒微。有军事才能,深得戴克里先的器重。但在治理西罗马帝国时,未能平定高卢和不列颠的叛乱。公元 293 年以后只管辖意大利、西班牙和阿非利加。305 年戴克里先在尼科梅迪亚退位时,他也在梅迪奥拉农宣布退位。1—17。

马略·盖犹斯 Марий, Гай; Marius, Gains (约前 157～前 86 年)罗马共和国后期进入贵族统治阶层的人物。生于拉丁姆南部的阿庇诺城附近。既是勇猛顽强的战士,又是用兵如神的将军。早年在西班牙作战,后担任过平民保民官、外西班牙行省总督、执政官参佐等职。曾先后 7 次当选为执政官。他打破只有有产者才能服兵役的陈规,用广泛征募志愿兵的方法解决兵员不足的问题。公元前 105 年在非洲使朱古达疲于奔命,并最终将其生俘;前 102 年在阿奎亚·萨克森提亚打败条顿人;前 101 年又在韦尔切利击溃辛布里人,从而解除了亡国的危险。前 88 年罗马发生反对苏拉的骚乱,苏拉遂率兵进攻罗马,放逐马略。马略奔非洲。次年,趁苏拉出征希腊,罗马再次骚动之机,马略在伊特鲁里亚登陆,纠集一支军队,夺取奥斯蒂亚,攻占了罗马。他下令处死了一些著名人士,接着进行残酷的屠杀。这时他的神志已不清醒。死时无论敌友尽皆庆幸。中译本序;英译本序;3—10。

马其顿(王国) Македония древняя; Macedonia, Kingdom of 巴尔干半岛的古代国家,在希腊以北。公元前 4 世纪成为希腊世界的霸主。约前 7 世纪马其顿人始为人知,当时他们居住在哈利亚克河畔,后在国王佩尔狄卡斯一世的领导下向东推进,直到阿敏塔斯三世(约前 393～前 369 年在位)才完成了统一马其顿的高原和平地的宏愿。他的第三个儿子腓力二世使马其顿处于支配整个希腊的地位。腓力之子亚历山大三世(前336～前323年在位)推翻了波斯帝国,使马其顿的军队一直到达尼罗河和印度河畔。亚历山大在巴比伦死去后,马其顿内战不断。在腓力五世(前221～前179年在位)及其子佩尔修斯(前179～前168年在位)统治时期,马其顿与罗马发生冲突,史称马其顿战争,自公元前215年至前168年,前后共三次,结果失败。在罗马控制下,马其顿最初(前168～前146)形成4个独立的共和国,后来成为罗马的一个行省,包括4个行政单元。后世称为马其顿的地区大致与古代王国的疆域一致。1—28; 2—2; 3—导言;5—1。

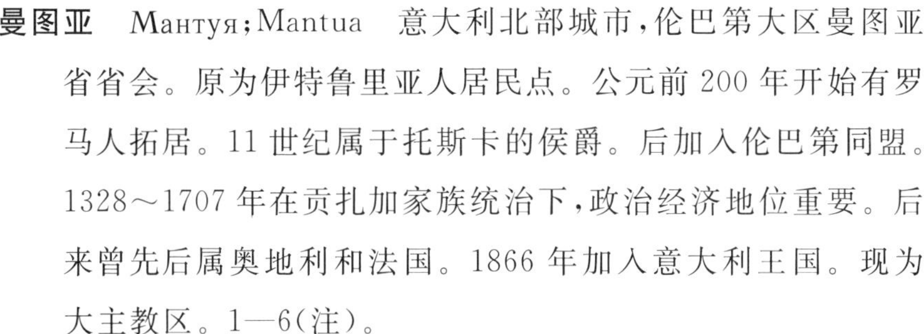

曼图亚　Мантуя;Mantua　意大利北部城市,伦巴第大区曼图亚省省会。原为伊特鲁里亚人居民点。公元前200年开始有罗马人拓居。11世纪属于托斯卡的侯爵。后加入伦巴第同盟。1328～1707年在贡扎加家族统治下,政治经济地位重要。后来曾先后属奥地利和法国。1866年加入意大利王国。现为大主教区。1—6(注)。

毛里塔尼亚　Мавритания;Mauretania　在古代,系北非的一个地区,相当于今摩洛哥的北部及阿尔及利亚的西部和中部。从公元前2世纪开始臣服罗马。1世纪中叶,为罗马所兼并,并划分为两个行省:延吉塔纳毛里塔尼亚(首府延吉斯)和凯撒毛里塔尼亚(首府凯撒里亚)。毛里塔尼亚在5世纪实际上已经独立,7世纪为阿拉伯人征服。5—1。

梅特卢斯　Метелл;Metellus　(?～约前91年)罗马将军,元老

院贵族党首领。公元前109年任执政官。在北非击败努米底亚国王朱古达。前102年任监察官。前100年因反对元老院的土地法纲领而被逐出罗马。前99年返回。此后未参与政治活动。3—10。

美索不达米亚 Месопотамия;Mesopotamia 原义“河间地区”,亦称“两河流域”。广义的指底格里斯与幼发拉底两河的中下游地区,东抵扎格罗斯山,西到叙利亚沙漠,南迄波斯湾,北及东托罗斯山。北部为山地,向南经过干草原、平原到南部沼泽性的两河三角洲。美索不达米亚为人类最古老的文化摇篮之一,灌溉农业为其文化发展的主要基础。公元前4000年已有较发达的文化,曾出现巴比伦和亚述帝国。此后又经过波斯、马其顿、罗马与奥斯曼等帝国的统治。第一次世界大战后,其主要部分成为独立的伊拉克。狭义的仅指两河之间的地区。本书所指系广义的美索不达米亚。中译本序。

蒙特库科利 Монтекукколи;Montecuccoli(1609～1680年) 奥地利陆军元帅。1625年参加奥地利军队。在布赖滕费尔特(1631)和吕岑(1632)对瑞典国王古斯塔夫二世作战有功。1639年为瑞军俘虏,拘禁期间从事兵法研究,并开始撰写战略战术著作。回德意志后,由于在巴伐利亚面临法国和瑞典联合进攻时巧妙退却,晋升将军。1648年缔结威斯特伐利亚和约,又开始从事写作。升任陆军元帅后,把瑞典人从德意志、丹麦和波美拉尼亚赶走(1658～1660年),粉碎土耳其人对奥地利的进攻(1661～1664年),1664年在圣哥达赢得决定性胜利,同年成为整个帝国军队的大元帅。1668年任帝国最高军事委员会主席。1672 年率帝国军队对法国作战。1675 年退休。《兵法》一书为其主要著作。英译本序言。

弥诺陶洛斯 Минотавр; Minotaurus 希腊神话中的半人半牛怪。它是传说中的克里特统治者弥诺斯的妻子帕西淮同一头白毛公牛所生。弥诺斯未将公牛杀死,将它饲养下来。帕西淮同公牛所生的这个孩子被关在代达罗斯为弥诺斯修建的迷宫里。后来弥诺斯的一个儿子叫安德洛革俄罗的被雅典人所杀。为了报仇弥诺斯要求雅典每年送 7 名童男、7 名童女给弥诺陶洛斯吞食。到第三次献牲的时候,雅典英雄忒修斯自愿前往克里特,在弥诺斯的女儿阿里阿德涅的帮助下,把怪物杀死。3—6。

米塞农 Мизены; Misenum 意大利中部坎帕尼亚地区一港口,濒第勒尼安海,位于今那不勒斯附近,古代水师基地之一。5—1。

米特拉达悌(六世) Митридат Ⅵ ; Mithridates Ⅵ(? ~前 63 年) 本都王国国王。公元前 120 年继承父位,最初由母后摄政;约 5 年后,将母后废黜,开始独掌大权。本都王国原是一新兴的希腊化小国,在他的强有力领导下吞并了若干相邻的小邦,一度且在小亚细亚地区与罗马的霸权抗衡。前 115 年派兵攻打克里米亚和科尔基斯,将这两个地区并入本都王国。随后又前往安纳托利亚,与比蒂尼亚国王尼科梅德斯三世一起瓜分了帕夫拉戈尼亚和加拉蒂亚。他下决心要把罗马人赶出亚洲。前 88 年打败在罗马人怂恿下率兵进攻本都王国的尼科梅德斯三世,长驱直入占领罗马的亚细亚行省,并对居住在亚洲的罗马人和意大利人进行屠杀，据说有8万人丧生。以后，在前85～前66年的20年间他与罗马之间的争端有增无减，战事连绵不断。前66年庞培彻底打败了他，两年后他又在潘蒂卡皮翁取得立足之地，正当准备取道多瑙河地区入侵意大利时，部队发生哗变。曾企图服毒自尽，未遂，于是命令一名高卢雇佣兵将其杀死。遗体葬于本都王国首都锡诺普的王陵中。中译本序；3—1、3—24。

莫西亚人 Мезийцы；Moesians 居住在罗马帝国莫西亚行省的居民。莫西亚于公元前30～前28年被克拉苏征服，到前15年成为罗马的一个行省。其地域横跨现南斯拉夫东南部和保加利亚北部，北界多瑙河，西界德里纳河，南界黑马斯山，东为黑海。1—28。

N

努曼蒂亚 Нуманция；Numantia 位于今西班牙索里亚省附近杜罗河上游一座克尔特伊比利亚人城镇。大约公元前300年，侵入克尔特高原的伊比利亚人，在早期居民遗址上重建村落，后来成为克尔特伊比利亚人抵御罗马人的中心。曾经受到多次进攻。最后小西庇阿（努曼蒂努斯）在其周围建造营垒，连绵10公里，以封锁该地（前133年），围困8个月后，努曼蒂亚为饥饿所逼，幸存者遂投降。1—15；3—10。

努米底亚 Нумидия；Numidia 罗马时代非洲撒哈拉沙漠以北部分地区的名称，其疆界有时大致相当于今阿尔及利亚。直到马西里部落的酋长马西尼萨执政为止，当地居民一直过着游牧生活。马西尼萨起初同迦太基结盟，公元前 206 年归顺罗马而获得许多土地。前 148 年马西尼萨死后，罗马人将他的王国分封几位酋长。前 118 年朱古达夺取王位，重新统一努米底亚。前 105 年努米底亚再度归罗马人统治。恺撒在努米底亚建新的行省，称新阿非利加；后来奥古斯都将新阿非利加同旧阿非利加合并。193～211 年在位的罗马皇帝塞普提米乌斯·塞维鲁正式建立努米底亚省。公元初期，努米底亚人口大增。429 年被汪达尔人征服之后，罗马文明迅速衰落。3—24。

P

庞培·格奈乌斯 Помпей，Гней；Pompeius，Gnaeus （前 106～前 48 年）罗马共和国后期的政治家、将军。出生于罗马元老院贵族家庭。仕途之初支持苏拉。参加收复罗马和意大利的战役，后又以两次闪电式的进攻从马略派的余党手中收复西西里和非洲，并参与镇压斯巴达克起义。公元前 66 年起指挥罗马军队攻讨米特拉达悌六世，取得胜利。此后 10 余年在意大利权势煊赫，如日中天。元老院拒绝批准其在东方采取的措施和给老兵发放土地的要求之后，于前 61 年首次与克拉苏、恺撒组成非正式的秘密同盟（前三头政治）。前 53 年三头政治分裂，对恺撒的疑心日增。元老院及贵族中两人所得支持各半，内战遂于前 49 年 1 月 7 日元老院宣布战争状态，4 天以后恺撒渡过鲁比孔河而爆发。起初恺撒在迪希拉失利，后法萨卢斯之战（前 48 年）庞培大败，南逃西利西里和塞浦路斯，并决定到埃及避难,向托勒密求援。恺撒对其穷追不舍。埃及国王和朝臣们不敢触怒恺撒。当庞培踏上埃及领土时,突遭袭击,遇害身亡。中译本序;1—9。

佩利尼人 Пелигны;Peligni(Paeligni) 古意大利中部地区一民族,居住在亚平宁山脉东面的坡地。曾与近邻马尔西人、马鲁奇尼人和维斯提尼人结盟。同盟于第二次萨谟奈战争(公元前304年)后解体。马鲁奇尼人和维斯提尼人的方言与佩利尼语颇相似,这三种方言通称北奥斯卡语族。1—28。

皮洛士 Пирр;Pyrrhus (前319～前272年)伊庇鲁斯国王。12岁即王位。曾与马其顿的德米特里结成联盟,在亚洲并肩作战。公元前294年,利用马其顿王室纷争,取得了帕拉乌厄亚和廷发亚的边界地区,以及阿卡纳尼亚、安菲洛奇亚和安布拉基亚。后来与德米特里反目,占领了色萨利和马其顿的西半部。前281年率2.5万人渡海到意大利,次年在赫拉克莱亚付出重大代价取得胜利。前279年再度忍受惨重伤亡在阿普利亚的奥斯库罗姆打败罗马军队。此后跨海到西西里,征服了那里的大部分地区。前275年在贝内文托与罗马军队对阵,受到重大损失。次年打败马其顿的新统治者安提柯二世,马其顿军队拥立他为国王。但他突然离开马其顿大举进犯斯巴达,企图收复克里奥尼姆斯,未能如愿。夜间在阿戈斯的巷战中被杀。由于他曾不惜惨重牺牲取得对罗马和马其顿作战的胜利,“皮洛士胜利”一语遂成为代价惨重的代名词。他的回忆录和兵法曾受到许多古代作家(包括西塞罗)的引用和赞扬。中译本序;3—24。

普罗彭提斯海　Пропонтид;Propontis　今土耳其内海马尔马拉海的古时称谓。土耳其亚洲和欧洲部分分界线之一段。东北经博斯普鲁斯海峡与黑海沟通,西南经达达尼尔海峡与爱琴海相连。海中有两个群岛:克孜勒群岛在东北面,接近伊斯坦布尔,为旅游胜地;马尔马拉群岛在西南面,与卡珀达厄半岛相望。5—1。

R

日耳曼人　Германцы;Germans　印欧语族的古代部族。公元前1世纪居于北海与波罗的海之间、莱茵河地区、多瑙河地区、维斯瓦河地区及斯堪的纳维亚南部。主要从事农牧业,过氏族生活。在公元初期几个世纪,氏族制处于解体阶段;这一部族在4～6世纪的民族大迁徙中起了重要作用,他们侵占了西罗马帝国的大部分地区,建立了许多早期封建王国:西哥特、汪达尔、东哥特、勃艮第、法兰克、伦巴第,等等。1—1。

若米尼　Жомини;Jomini(1779～1869年)　将军,军事理论家、军事史学家。出生于瑞士。1789年在法国军队中任参谋,著有《论大战》(5卷,1805)。拿破仑读后任命他为上校参谋。后因受歧视,于1813年8月离开法军去俄国。1826年任俄国沙皇尼古拉一世的上将侍从武官。1830年创办帝俄军官学校。1837年退役,仍任王储亚历山大侍读,并为之撰写《兵法概论》(1838),堪称巨著。1854年克里木战争期间任沙皇尼古拉战术顾问。作为军事思想评论家,他首先确定战略、战术和勤务之间的分野。他对战略尤感兴趣,认为正确选择作战线，是运筹帷幄，决胜千里的中心课题。另著《战略学原理》(3卷，1818)、《法国革命战争史》(5 卷)和《拿破仑传》(4 卷，1827)。由于系统阐述战争原理而在西方被尊为近代军事思想奠基人之一。英译本序。

S

撒丁　Сардиния；Sardinia　地中海中仅次于西西里岛的第二大岛。公元前约 800 年，腓尼基人在南部定居；其后，希腊人占据北部。从前 238 年起，罗马人统治该岛近 700 年。15 世纪为西班牙人占领。1861 年并入意大利版图。各个时代的遗迹均有发现。5—1。

撒哈拉沙漠　Сахара；Sahara　世界最大荒漠。介于非洲北部阿特拉斯山脉同苏丹草原带以及大西洋同红海沿岸之间。跨埃及、苏丹、利比亚、乍得、突尼斯、阿尔及利亚、尼日尔、马里、毛里塔尼亚等国境。大致以 250 毫米等雨量线为界，面积约 800 万平方公里。北非台地的主体，地表起伏平缓，海拔一般 200～500 米，中部隆起着许多高地和熄火山，最高峰是提贝斯提高地上的库西山，海拔 3415 米。气候极端干燥，年降水量大部不足 100 毫米，温差大，多强风和沙暴。多干谷，少植物。地面主要是砾漠、沙丘。散布于沙漠之中的绿洲是经济生活的中心，椰枣树是绿洲农业的代表性作物，椰枣是当地居民的重要食物。约三分之一的人口以游牧为生，骆驼是重要的牲畜和交通工具。二战以后发现大量石油、天然气、铁、铀、锰等矿藏。随着采矿业和公路建设的发展，地区经济面貌在不断变化。中译本序。

萨宾人 Сабины;Sabini 古意大利部落。定居台伯河东岸山岳地区,以其特殊的宗教信仰和习俗著称。公元前449年曾为罗马所败,至前290年为罗马所灭,被授予无选举权的罗马公民权,前268年获完全公民权。传说萨宾人系萨谟奈人的祖先。萨宾人可能操奥斯坎语。中译本序。

萨拉森人 Сарацины;Saracens 公元最初三个世纪,晚期古典作家记述的萨拉森人系指西奈半岛上的阿拉伯部族。此后几个世纪,则泛指阿拉伯部族。哈里发成立后,拜占庭人把哈里发的一切穆斯林臣民皆称为萨拉森人。到中世纪,基督教将所有信奉伊斯兰教的民族(阿拉伯人、突厥人等)都称为萨拉森人。3—32。

萨卢斯特 Саллюстнй;Sallust (约前86~前35年)罗马政治家和历史学家。生于意大利中部的阿米特努姆。早年曾在军中服役。公元前52年第一次从政,任保民官。恺撒与庞培内战时,他指挥过恺撒的一个军团。两年后被任命为行政官,镇压了恺撒军中的一次兵变。前46年参加过非洲战役。后出任新阿非利加行省总督。前45年或前44年初返回罗马,不久结束自己的政治生涯,转而从事著述。第一部历史著作《喀提林战争》以野心家喀提林的阴谋为主题揭露罗马政治的腐败。在第二部历史著作《朱古达战争》中详细地探讨了党派斗争的起源。《历史》(5卷)一书只存残篇,所叙系前78~前67年间的罗马历史,仍以党派斗争为中心内容。他的文字生动活泼,给读者以深刻的印象。1—4、1—9。

萨谟奈人 Самниты;Samnites 古代居住在意大利南部山区诸好战部落的罗马名称，可能属萨宾人的旁系。这些部落操奥斯卡语。赫彼奈、考迪尼、卡拉切尼和彭特里等4个城镇联合组成萨谟奈联盟。公元前354年与罗马人结盟，共同抵御高卢人。不久一连三次卷入反抗罗马人的战争，被击败。前90年参加同盟者战争，后又参加内战反对苏拉，在前82年的科林门战役中败北。1—28。

塞多留·昆图斯 Серторий，Квинкций;Sertorius，Quinctius （约前123～前72年）罗马政治家和军事将领。公元前105年和前102年两度在高卢作战，抗击入侵的辛布里人和条顿人。前90年任山南高卢财务官，后为军队指挥官。前83年任行政长官，管辖西班牙各行省。治军极严，但对当地居民很宽厚。前77年在西班牙举旗反对苏拉强加给罗马的制度。同年庞培率军抵达西班牙。在两年的战争中塞多留显示出在战术和战略方面的高度才能。直到前74年，由于罗马军队的大力增援，才连连败北。前72年被谋杀。1—7、1—9。

塞尔维乌斯·图利乌斯 Сервий Туллий;Servius Tullius 传说罗马王政时代第6王（前578～前534年）。相传为女奴之子，受主母赏识，娶前王塔克文·普里斯库斯之女，后继承王位；东伊特鲁里亚人在罗马的统治者。在位时据说曾建造罗马城墙，铸造金属货币，还进行了多项改革，包括将罗马人按财产多寡划分成等级，并按等级提供装备、人员不同的百人队，设百人队大会，拥有重要权力，每个百人队享有一票表决权，第一级在193个百人队中占98队，占绝对多数。原有库里亚大会逐渐失去其意义。通常认为,此项改革是罗马从氏族制度过渡到阶级社会的标志。有关图利乌斯的改革可参阅本书第32页和第66页的两处当页注。中译本序。

塞浦路斯 Кипр;Cyprus 地中海第三大岛,位于地中海东北部。面积9251平方公里。全境分为4个自然地貌区:北部为凯里尼亚山区;特罗多斯山占全岛面积近半;两条山脉之间为80英里长的迈萨奥里亚内地平原以及东南部的高原。岛上居民主要是希腊和土耳其两大民族。希腊语居民在岛上居住最久,约占74%;土耳其族人为公元1571~1878年占领该岛的奥斯曼土耳其人的后裔,约占21%。希族人信奉东正教;土族人为穆斯林。历史上,约前1400年迈锡尼商人以及亚该亚人相继向这里移民。前8世纪腓尼基人迁入。前709和前560年先后被亚述和埃及征服。前525年又成为波斯的一个行省。前333年迎来了新的征服者——马其顿王亚历山大。前58年开始了罗马帝国的近400年的统治。罗马帝国分裂(395年)后被并入东罗马(拜占庭)版图达700年之久。5—1。

色雷斯 Фракия;Thrace 巴尔干半岛东南部一地区名。其疆域古今不同。古希腊时指多瑙河、爱琴海、黑海、马尔马拉海、瓦尔达尔河东部山脉之间的巴尔干半岛地区。罗马帝国时划为两个行省:巴尔干山以南称色雷斯省(今保加利亚南部,称上色雷斯),以北称莫埃西亚省。今色雷斯包括保加利亚南部、希腊色雷斯省、土耳其欧洲部分和加波利半岛。希腊和罗马史学家认为色雷斯人属于印欧种族和语系的骁勇善战的原始民族。实际上色雷斯人具有相当发达的文化，其诗歌和音乐尤为著称。希腊人在沿岸建立了数处殖民地，以拜占庭为最著名。公元1～7世纪，西哥特人和斯拉夫人不断移入。7世纪建立保加利亚国。1453年完全落入奥斯曼土耳其人手中，受其统治达400年。由于战争和移民，色雷斯民族特征更趋同一。1—28。

色萨利　Фессалия；Thessaly　一译帖撒利。希腊北部一地区。位于马其顿南，在伊庇鲁斯高地和爱琴海之间。公元前2500年前，为新石器文化的发源地之一。迈锡尼时期后期，色萨利人进入低地平原。前6世纪，控制了希腊北部各城邦。前148年，被罗马帝国纳入其马其顿行省。拜占庭时期，隶属塞萨洛尼卡军事统辖区。7～14世纪，先后受到斯拉夫、萨拉森、保加利亚、诺曼底、加泰罗尼亚和塞尔维亚人的侵略和控制。1394年落入土耳其之手。1881年土耳其将其大部让与希腊。巴尔干战争（1912～1913年）后，全部归属希腊王国。1—28。

斯巴达　Спарта；Sparta　伯罗奔尼撒半岛拉哥尼亚平原上的古希腊城邦，建于公元前9世纪，实行寡头统治。前8～前6世纪在征服南部地区之后成为希腊最强的城邦。斯巴达人占有均分的一块国家份地以及附属在土地上的希洛人，主要从事军事。同雅典的竞争导致了前431～前404年的伯罗奔尼撒战争，在击败了雅典之后确立了对希腊的霸权。前146年被罗马人征服，前27年并入罗马的亚该亚省。396年为西哥特人毁坏，继而拜占庭居民移入，以荷马史诗中的拉西第梦称谓。

1204 年后法兰克人在城址西南修建新城堡密斯特拉，1259 年起成为伯罗奔尼撒的都城，繁荣近 200 年。英译本卷三之提要、3—导言。

斯巴达克 Спартак;Spartacus （？～前 71 年）公元前 73～前 71 年古罗马最大一次奴隶起义的领袖。原为色雷斯人，后为罗马所俘，被卖为奴隶，送往卡普阿的角斗士学校。前 73 年率领 70 多名同伴冲出学校，逃到维苏威山，发动起义。许多逃亡奴隶都来参加他的队伍。连续两次击败前来围剿的官军之后，起义军占领了南意大利的大部地区。起义队伍发展到 9 万人以上。前 72 年向阿尔卑斯山挺进，计划在离开意大利边境之后解散队伍，让士兵们各自返回家园。但士兵们拒绝离开意大利，于是他又回师卢卡尼亚，企图越过海峡进占西西里，但未成功。在克拉苏所率罗马官军的攻击下，起义队伍发生分裂。首先是高卢人和日耳曼人被击败，最后斯巴达克也在战斗中牺牲。中译本序。

苏拉 Сулла;Sulla （前 138～前 78 年）古罗马将军、独裁官。早年为马略部将，参加对努米底亚国王朱古达的战争，用巧计生擒朱古达而一鸣惊人。前 90～前 88 年参加同盟者战争。与马略激烈争权。前 88 年在元老院贵族支持下当选执政官，率军东征。马略欲解除其兵权，闻讯反转进占罗马城，捕杀马略追随者，后又继续东征。此时马略和秦那联合在罗马掌权，亦虐杀其追随者。苏拉在东方打败米特拉达悌六世，前 83 年率 4 万大军返回意大利。马略派组织抵抗，失败。入罗马城宣布马略派为“公敌”。大肆报复杀戮，没收其财产，任终身独裁官。元老院议员、高级长官多为苏拉派分子，公民大会和保民官形同虚设；取消有利于平民的措施（如发放廉价食粮），维护奴隶制贵族利益。前 79 年，放弃终身独裁官职位，退居普托里庄园，但对罗马国事仍有影响。次年病逝，享受君王般的葬礼。其军事独裁统治，是对罗马共和制的严重打击。中译本序。

T

台伯河　Тибр；Tiber　意大利语称特韦雷河。是意大利境内仅次于波河的第二大河，全长 405 公里。源出亚平宁山脉富奥洛山西坡，向南穿过一系列山峡和宽谷，流经罗马后，于奥斯蒂亚附近注入第勒尼安海。远在公元前 5 世纪，已有船只上行至蒂贝里纳河谷载运粮食，后来以运载建筑石料和木材为主。罗马鼎盛时代，主要依靠两岸的菜园和农庄供应蔬菜。1—3、1—10。

条顿人　Тевтоны；Teutones　日耳曼部族。公元前 2 世纪与辛布里人联合入侵罗马领地，前 102 年被罗马将军马略击败。后来有时也把日耳曼人统称为条顿人。3—10。

图拉真　Траян；Trajan（53～117 年）　古罗马安敦尼王朝皇帝。出生于西班牙南部的罗马行省巴埃蒂卡。父亲当过行省总督、执政官，被列为罗马贵族。早年，父亲在叙利亚任总督时，便在当地任军官。公元 89 年到西班牙指挥一个军团。后奉命去莱茵河地区协助镇压反对皇帝图密善的起义。图密善推选他担任 91 年的两位执政官之一。96 年图密善因宫廷政变被杀，年迈的涅尔瓦被推举为皇帝。朝廷内外均有不满情绪。97 年 10 月涅尔瓦将图拉真立为继承人。4 个月之后涅尔瓦去世，军队和元老院一致拥戴他为皇帝。即位后进行了许多改革，减免赋税，发展慈善事业，修道路、造桥梁、开沟渠、垦荒地、辟港口、建大厦，其遗迹在西班牙、北非、巴尔干、意大利比比皆是。他放弃了以往几代皇帝不扩展罗马边界的政策，多次发动战争，使帝国版图达到最大范围，先后占领了达西亚、阿拉伯、亚美尼亚、美索不达米亚的领土。据说在抵达波斯湾时，图拉真面对大海，为自己因年事已高不能重复亚历山大征服印度的业绩而热泪盈眶。117 年死于小亚细亚南部沿海城市塞利努斯。1—8；2—3。

同盟者战争　公元前 90～前 88 年意大利各“同盟者”城市反对罗马统治者的战争。主要在于争取罗马公民权，战争席卷意大利的中部和南部。罗马派军队镇压，同时采用分化手段，允诺凡效忠罗马，在规定期限内放下武器者可获有限的公民权，罗马终于取得胜利，许多同盟者陆续获得了公民权。中译本序。

W

瓦伦斯　Валент；Valens　（约 328～378 年）东罗马皇帝（364～378 年在位）。瓦伦丁尼安一世之弟，公元 364 年由其兄任命为同朝皇帝，负责统治帝国东部。367 年，越过多瑙河，进攻西哥特人领土（在今罗马尼亚）。两年后再度入侵该地区。重创西哥特人。371～372 年，粉碎了狄奥多鲁斯在安条克组织的阴谋集团之后，开始对波斯人作战，并取得美索不达米亚战役的胜利。376年西哥特人被匈奴人赶出家园，瓦伦斯的将军们允许他们在多瑙河以南的罗马领土定居。但不久以后，西哥特人即反叛罗马。378年在阿德里安堡战役中大败身亡。中译本序；英译本序。

瓦伦丁尼安一世 Валентиниан Ⅰ；Valentinian Ⅰ(321～375年)

罗马皇帝(364～375年在位)。出身军人世家。入伍后在非洲服役。363年参加尤利安皇帝对波斯人的远征。364年约维安皇帝死后，各军司令在尼西亚拥他为帝。他与弟瓦伦斯共同执政：瓦伦斯统治东部，他自己驻守西部。365年在巴黎安营，指挥作战。手下大将约维努斯先后3次击败对手。在第3次战役中，约维努斯重创阿勒曼尼人，使高卢保持了多年平静无事的局面。367年移居安比阿尼(今法国亚眠)，以便与守卫不列颠的狄奥多西取得联系。367年起驻跸特里尔7年，沿莱茵河构筑防御工事。375年夸迪人侵入潘诺尼亚。他亲赴西米翁御敌。不久病故。中译本序；英译本序。

瓦伦丁尼安二世 Валентиниан Ⅱ；Valentinian Ⅱ(371～392年)

罗马皇帝(375～392年在位)。瓦伦丁尼安一世之子。375年即位，年仅4岁，由母后摄政，负责统治意大利、阿非利加和伊利里亚。但此举并未得到另外两位共治皇帝瓦伦斯和格拉提安的认可。383年格拉提安被由部下拥戴为帝的马克西穆斯所杀。387年马克西穆斯来犯意大利，母子二人逃往塞萨洛尼基投奔由格拉提安任命为共治皇帝的狄奥多西一世。388年狄奥多西亲率大军进入巴尔干半岛，7月大败马克西穆斯。瓦伦丁尼安二世恢复统治。392年死于维也纳宫中。中译本序；英译本序。

瓦伦丁尼安三世 Валентиниан Ⅲ；Valentinian Ⅲ （419～455年）罗马皇帝（425～455 年在位）。在位时间达 30 年，但从未亲理朝政。贵族弗拉维乌斯·君士坦提努斯与加拉·普拉西狄亚之子。普拉西狄亚以其年幼儿子的名义控制帝国西部，而在她摄政的末期，有势力的贵族埃提乌斯成了实际统治者。437 年与狄奥多西二世之女结婚。耽于声色，政府事务全凭埃提乌斯主持。俄译本题注。

韦格蒂乌斯 Вегеций；Vegetius （活动时期 4 世纪）全名弗拉维乌斯·韦格蒂乌斯·雷纳图斯。本书作者。罗马帝国后期的军事专家。贵族出身，生当罗马军队颓败削弱之际。他在这部著述中大声疾呼，强调重视募选工作，严格训练，强化纪律，整治军队，以恢复帝国当年的雄风；还就军队编成、战术战略、攻防战法、海军建设等进行了详尽的阐述。他的这部《兵法简述》被西方军事学术界推为经典之作。中译本序；俄译本题注；英译本序；英译本卷一、卷二、卷三之提要；3—3（注）。

韦斯巴芗 Веспасиан；Vespasianus（9～79 年） 罗马皇帝（69～79 年在位）。弗拉维王朝的奠基人。生于萨宾地区的雷亚特。父亲为收税人。早年在色雷斯任军职。43 年参加进攻不列颠的战役。曾率兵占领怀特岛，继而挥师西进，迭克 20 余城。51 年成为执政官。67 年尼禄任命他为平定犹太地区犹太人起义的指挥官，连连取胜。尼禄死后，立即停止战斗。69 年初新皇帝加尔巴被杀，同年 7 月两个埃及军团拥他为帝，后叙利亚、犹太的军团，多瑙河地区的部队也都表示支持。

他的皇位得到元老院批准。在埃及时横征暴敛，一心聚财；70 年 10 月，从亚历山大里亚返回罗马后，宣布把岁入增加两倍，提高各行省税收，取消各地的免税权，增加新的税种。他以同样强硬的政策对待军事问题：在东部建立了 3 个军区，配置 6 个军团；在南日耳曼吞并阿格里·德库马德地区；在不列颠将英格兰北部的布里甘特王国并入行省，平定了整个威尔士，把罗马军队开进苏格兰高地。2—7。

维爱战争 古罗马人与伊特鲁里亚人的战争。因伊特鲁里亚城市维爱（Veii）而得名。约自公元前 477 年起，双方断断续续地进行长期战争。前 396 年，罗马军攻陷并破坏维爱城，此后伊特鲁里亚人势衰。中译本序。

维吉尔 Вергилий；Virgil （前 70～前 19 年）古罗马诗人。生于当时属于阿尔卑斯山南高卢的曼图亚附近的农村。公元前 42 年，屋大维为给复员兵士分配土地，曾没收他父亲的庄园。不久由于朋友的帮助，屋大维又把土地归还给他家。此后，维吉尔便属于屋大维一派，也一直是最受奥古斯都尊重的诗人。最早的重要作品是牧歌十章，大约都写成于前 42 至前 37 年之间。这些牧歌除了虚构一些年轻牧人的爱恋情节外，也抒发了不少对当时政治和社会状况的真实感情。第二部重要作品是前 29 年发表的 4 卷《农事诗》，全诗共 2188 行，用了 7 年时间才写成。当时的罗马是农业国家，经过内战破坏，奥古斯都很重视振兴农业，这篇长诗也是与当时的政策相配合的。最后十年都用在创作最重要的一部史诗《埃涅阿斯记》上，史诗共 12 卷。根据当时罗马神话传说，罗马人最早的祖先是来自特洛伊的英雄埃涅阿斯；在伊利昂城被阿凯亚人攻陷后，埃涅阿斯在天神护卫下逃出来，同他父亲安基塞斯和他的小儿子尤利乌斯一起，辗转到了意大利，娶当地的公主为妻，建立了王都，开始了尤莉亚家族的统治。这个传说就是史诗内容的根据。维吉尔死于前 19 年。生前就已被公认为最重要的罗马诗人，死后声名始终不衰。但丁在《神曲》中以维吉尔为他的老师和带路人。1—6(注)、1—19；2—1(注)；5—11。

伪莫里斯　Псевдо-Маврикцй Pseudo-Maurice　6～7 世纪初拜占庭一位军事历史学家兼军事作家的假名。撰有《战术与战略》一书。关于伪莫里斯其人已无资料可考。长时期来都猜度这部作品属拜占庭皇帝莫里斯所著。后经考证，作者当属莫里斯在位(582～602 年)时或稍晚时的一位无名氏(根据该无名氏作者记述的莫里斯本人的几次征战情况判断)。他的这部著作概述了拜占庭的军事历史，介绍了拜占庭统帅们的兵法，着重分析了同 6～7 世纪拜占庭帝国的危险劲敌——斯拉夫人的作战方法。中译本序。

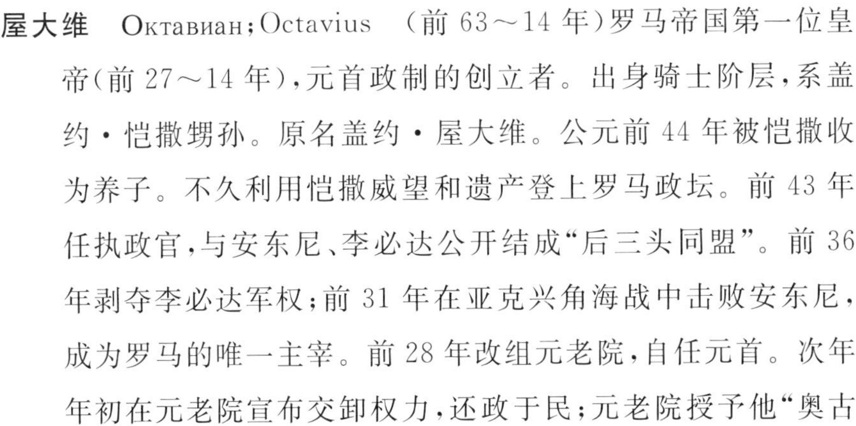

屋大维　Октавиан；Octavius　(前 63～14 年)罗马帝国第一位皇帝(前 27～14 年)，元首政制的创立者。出身骑士阶层，系盖约·恺撒甥孙。原名盖约·屋大维。公元前 44 年被恺撒收为养子。不久利用恺撒威望和遗产登上罗马政坛。前 43 年任执政官，与安东尼、李必达公开结成“后三头同盟”。前 36 年剥夺李必达军权；前 31 年在亚克兴角海战中击败安东尼，成为罗马的唯一主宰。前 28 年改组元老院，自任元首。次年年初在元老院宣布交卸权力，还政于民；元老院授予他“奥古斯都"(意为"神圣"、"伟大")尊号。史称他所创立的政制为"元首制",实是以共和为名的君主制。他根据罗马从城邦发展成庞大的帝国这一基本变化,对原有不适应新形势要求的政治体制作了改革,并采取一系列顺乎时势的内外政策,从而开创了相对安定的政治局面,为发展经济和繁荣文化创造了一定条件,使罗马奴隶占有制社会臻于鼎盛。公元14年8月19日死于南意大利的诺拉。中译本序;英译本序;1—导言、1—8、1—27;5—3。

乌得勒支 Утрехт;Utrecht 今荷兰乌得勒支省省会。濒临克罗默莱茵河及阿姆斯特丹-莱茵运河。1122年建市。逐渐成为宗教、文化、商业和工业(以织布业为主)中心。15世纪为阿姆斯特丹所取代。1579年尼德兰北方7省在此成立反抗西班牙统治的乌得勒支同盟,为此后的荷兰王国奠定基础。这里是天主教和旧天主教(詹森派)的大主教管区所在地,文化发达,乌得勒支大学建校于1636年,是荷兰最高学府。市内教堂林立,各种博物馆、古建筑很多。英译本序。

X

西班牙 Испания;Spain 欧洲君主立宪制国家。位于伊比利亚半岛。面积50余万平方公里,欧洲第三大国家。历史上西班牙在艺术和人文科学方面有丰富的贡献。约公元前2000年,伊比利亚半岛上形成阿尔加文化,半岛上居住着伊比利亚人。前9～前8世纪克尔特人开始从中欧迁入,逐渐与伊比利亚人融合,称克尔特伊比利亚人,后来形成的伊比利亚文化通过与腓尼基和希腊的交往日渐繁荣。前 6 世纪，迦太基人在半岛南部定居。前 3 世纪，罗马经过战争统一意大利之后强盛起来，开始与迦太基争夺地中海霸权，遂发生布匿战争。前 206 年，罗马人攻占加的斯，统治西班牙达两个世纪。5 世纪，日耳曼部族入侵，建立王国，并在 7 世纪初接受基督教。8 世纪穆斯林入侵半岛。1492 年基督教王国收复全部穆斯林占领地。同年哥伦布发现西印度群岛，随后又抵达中美、南美大陆沿岸地带。之后 50 年间西班牙在美洲建立庞大的殖民帝国，并开始向远东殖民。1588 年西班牙无敌舰队被英国击败。之后国势衰落，殖民地陆续独立。1931 年建立共和国。1939～1975 年佛朗哥执政。1975 年胡安·卡洛斯成为国王，恢复君主制。3—10；5—1。

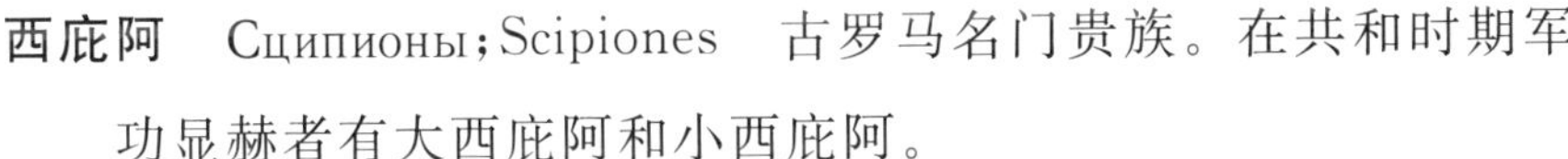

西庇阿 Сципионы；Scipiones 古罗马名门贵族。在共和时期军功显赫者有大西庇阿和小西庇阿。

1. 大西庇阿 Публий Корнелий Сципион Африканский Старший；Publius Cornelius Scipio Africanus Major（约前 236～前 183 年）公元前 218 年，第二次布匿战争爆发时，随父转战北意大利，败于迦太基军。前 216 年坎尼之战中幸存。前 210～前 206 年，出征西班牙，攻占新迦太基城，破坏汉尼拔的后援，基本上清除迦太基在西班牙的势力。凯旋回国后于前 205 年被破例地推举为执政官，次年奉命远征迦太基本土。前 202 年，扎马之战中击败汉尼拔及其军队，结束第二次布匿战争，获“阿非利加努斯”称号。后又任监察官、执政官。前 190 年，参加马格尼西亚会战，塞琉西国王安条克三世战败求和。后卷入政争，离开罗马城，死于坎帕尼亚庄园。3—21。

2. 小西庇阿 Публий Корнелий Сципион Эмилиан Африканский Младший Нуманцкий；Publius Cornelius Scipio Aemilianus Africanus Minor Numantinus（约前 185～前 129 年）大西庇阿长子的养子。从军转战于巴尔干和西班牙，有战功。公元前 147 年任执政官，率军进攻迦太基本土，围困迦太基城并迫其投降（前 146 年）从而结束第三次布匿战争，获“阿非利加努斯”称号。前 134 年再任执政官，率军入侵西班牙，次年攻占努曼蒂亚，大体完成了罗马对西班牙东半部的征服，又获“努曼蒂努斯”称号。据传他热烈崇拜希腊文化，推崇古罗马风尚。1—15；3—10。

西西里　Сицилия；Sicily　地中海最大岛屿。属意大利。在亚平宁半岛和北非之间。公元前 8～前 6 世纪希腊人在岛屿东岸建立殖民地。前 241 年成为罗马帝国一个省。以后历经汪达尔人、拜占庭人、诺曼人等的统治。1442 年并入西西里王国，不久又分裂，改受西班牙统治。1861 年并入意大利王国。5—1。

希腊　Греция；Greece　欧洲文明古国。位于巴尔干半岛南端。古代希腊在许多方面是西方文明的发祥地。公元前 2000～前 1400 年，克里特岛上存在过米诺斯文化。约前 1400 年，开始迈锡尼文化时期。约前 1200 年多利安人入侵，开始黑暗时代。前 750 年形成各城邦的松散联合。前 338 年初马其顿占领。前 146 年被罗马人征服。后被拜占庭占领。自 1460 年起奥斯曼帝国统治希腊近 400 年。18 世纪下半叶，希腊的贸易、海运和手工业获得发展，但受奥斯曼军事封建制度的束缚严重。在法国大革命影响下，18 世纪末资产阶级进行过武装起义的尝试，但遭失败。1821 年在友谊社的组织和发动下爆发大规模武装起义。经过 1821～1829 年的独立战争，于 1830 年正式独立，实行君主制，称希腊王国。1925 年建立共和国，1936 年恢复君主制，1973 年再次建立共和国，1981 年加入欧洲共同体。中译本序；英译本序言；1—1。

辛布里人 Кимбры；Cimbri 日耳曼部落。由于人口过多，加之海水对陆地的侵蚀，被迫从现在的丹麦向南迁徙，最终因条顿人等部落的加盟而使人数剧增。于公元前 113、前 109 和前 107 年连续战胜罗马人。前 102 年，马略消灭了条顿人部落，后又联合卡图卢斯在韦尔切利附近全歼辛布里人的军队。3—10。

辛辛纳图斯·昆图斯 Цинциннат，Квинкций；Cincinnatus，Quinctius （前 519？～？）罗马政治家，其事迹带有神秘色彩。据历史传说，公元前 458 年，辛辛纳图斯被罗马城居民推举为独裁官，让他去救援被埃魁人围困于阿尔基多斯山上的由一位执政官率领的军队。他接到此项任命时，还在自己的小农庄上耕作。据说他一天之内就打败了敌军。在罗马举行了凯旋式。辛辛纳图斯限定自己仅仅在领导罗马渡过危机的时期掌权，危机刚一解除，便辞职返回农庄。1—3。

匈奴 Гунны；Hun 游牧民族。公元 2～4 世纪形成于乌拉尔地区，其中融合了操突厥语的匈奴人以及当地的乌戈尔人和萨尔马特人。匈奴人的大规模西迁（开始于 4 世纪 70 年代）推动了欧洲历史上的“民族大迁移”。在征服一系列日耳曼部落和其他部落以后，建立强大的部落联盟，并对许多欧洲国家进行毁灭性的征伐。在阿提拉统治时期达到鼎盛。451 年卡塔洛尼平原战役中失败，停止西进。453 年阿提拉病死，部落联盟遂趋瓦解。在欧洲西进征伐的匈奴人是否即我国历史上的匈奴，迄今众说不一。我国史学界历来持肯定看法。国外自法国人吉涅（1721～1800 年）起，在接触中国史籍后，意见亦不统一。关键在于对匈奴西迁的具体过程至今仍未搞清。1—20。

薛西斯　Ксеркс；Xerxes　（约前 519～前 465 年）阿契美尼德王朝国王。大流士一世之子和继承人。公元前 486 年即位。前 484 年镇压埃及的叛乱。此后取消埃及和巴比伦的王号，自立为“波斯人和米底人的国王”。后欲为其父在马拉松的惨败雪耻，决心进攻希腊。秣马厉兵三年。前 481 年率大军 30 余万，战舰 700 余艘，从赫勒斯滂跨过海峡。最初势如破竹，占领阿提卡，洗劫雅典城，几天后却在萨拉米斯海战中遭败北。遂被迫退回亚洲，驻跸苏萨和波斯波利斯，大兴土木，广筑宫室。晚年深居简出，前 465 年在宫廷阴谋中遇害。3—1。

Y

亚该亚　Ахайя；Achaea　一译阿哈伊亚。古代希腊一地区名。主要分布在伯罗奔尼撒北部沿海一带，历史上还含色萨利南部帕加西湾以西的地区。公元前 4 世纪，这一地区有一个由 12 个城邦组成的亚该亚同盟。至前 4 世纪晚期，同盟在马其顿打击下解体。前280年，一些城邦乘马其顿内乱之机又重新结盟。前251年西锡安加盟，此后同盟的领域逐渐扩大，至3世纪下半叶最盛时，已经包括伯罗奔尼撒半岛和中部希腊的许多城邦。前146年，同盟在与罗马的战争中失败，遂被解散，亚该亚被划归马其顿行省。前27年成为罗马元老院直辖省，辖区包括整个伯罗奔尼撒半岛和色萨利南部。中世纪曾有多次分裂；1640年为土耳其占领。5—1。

亚捷尔季纳 Ядертина 古时达尔马提亚之利布尔尼亚地区一主要城市。今克罗地亚濒亚得里亚海城市扎达尔，亦称萨拉。5—3。

亚克兴角海战 Битва при Акциуме；Actium, Battle of 公元前42年，所谓的屋大维、李必达、安东尼罗马"后三头"在除掉了共和派势力后内部争夺加剧。前37年安东尼与埃及女王克娄奥帕特拉结婚，并声称将罗马东方行省部分地区赠予她和她的子嗣。前36年屋大维剥夺李必达军权，遂与东方的安东尼对峙。前32年在安东尼正式与屋大维的妹妹离婚后，屋大维即向安东尼宣战。前31年9月2日两军会战于安布拉基亚湾出口处的亚克兴海角。安东尼和女王率军10万，战船500余艘；屋大维率兵约8万，战船400余艘。安东尼的战船庞大笨重，不便机动，主要靠飞钩钩住敌船并以矢石杀伤对方；屋大维的战船体轻，便于机动，用撞击和火攻毁伤敌船。安东尼处于劣势；又悉多变的女王已逃回埃及，遂无心再战，追踪女王而去。军无主帅，士兵纷纷溃逃败降。后安东尼和女王均自杀。此战的胜利为屋大维建立帝制廓清了道路。屋

大维称帝后，于前31年在阿卡纳尼亚北部海岬建立亚克兴胜利城，以纪念在此取得的辉煌胜利，此城即今希腊之尼科波利斯。5—3、5—7。

雅典 Афины；Athenae 古希腊爱奥尼亚人建立的奴隶制城邦，即今希腊首都雅典。位于巴尔干半岛西侧。公元前6世纪后逐渐繁荣，建立奴隶主的民主政治。曾以盟主地位联合希腊各城邦组成提洛同盟，与波斯争夺爱琴海霸权，爆发希波战争。前5世纪60年代，成为雅典帝国，势力扩展至意大利南部、黑海沿岸、东地中海以至埃及。雅典的扩张引起和其他希腊城邦，特别是斯巴达的冲突，遂爆发了伯罗奔尼撒战争。战争使雅典衰落。前4世纪被马其顿征服。前2世纪中叶并入罗马版图。雅典人民创造的古典文化，在文学、艺术、哲学、史学、科学等方面都取得卓越成就，为欧洲文明发源地之一。3—导言。

伊奥尼亚海 Ионнйское море；Ionian sea 一译爱奥尼亚海。地中海支海。在希腊（东）、西西里岛（西南）和意大利（西和西北）之间。地中海最深点（4600米）即在希腊西南这一海域。通过墨西拿海峡同第勒尼安海相连；通过奥特朗托海峡与亚得里亚海相通。这一海区有意大利的斯奎拉切湾、塔兰托湾，希腊的阿尔塔湾、帕特雷湾和科林斯湾等海湾。沿岸主要港口有锡拉丘兹、卡塔尼亚（西西里岛）、塔兰托（意大利）、克基拉（伊奥尼亚群岛）的帕特雷（希腊）。5—2。

伊庇鲁斯 Эпир；Epirus 古希腊地区名，在今希腊西北部和阿尔巴尼亚南部的沿海地区。位于阿尔塔湾和发罗拉湾之间，腹地向东延伸至品都斯山分水岭。旧石器时代的人在这里留下许多痕迹。新石器时代晚期的航海者们曾在阿尔巴尼亚南岸、靠近希马勒一带建立停泊点。迈锡尼文明很可能以伊庇鲁斯和阿尔巴尼亚中部为发祥地。自迈锡尼文明衰亡之后，受到多里安人入侵。公元前 4 世纪曾与雅典结盟，前 4、3 世纪之交，国王皮洛士一度向外扩张。约在公元前 200 年时为一共和国。前 198 年附属于马其顿。翌年，罗马战胜马其顿后保持独立，前 146 年并入罗马版图。直到 5 世纪仍是古希腊落后的边远地区。330 年当地几个部族组成同盟，后来发展成联邦国家。1204 年那里出现了一个独立的小王国，1430 年奥斯曼帝国将其吞并。希腊独立战争后，大部分北方地区并入希腊。1—28；5—1。

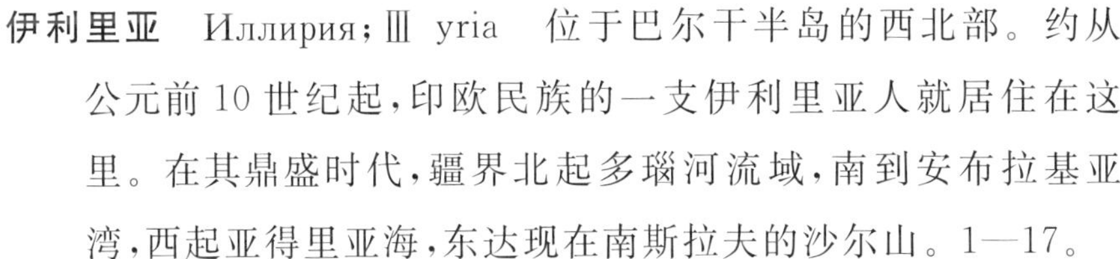

伊利里亚　Иллирия；Illyria　位于巴尔干半岛的西北部。约从公元前 10 世纪起，印欧民族的一支伊利里亚人就居住在这里。在其鼎盛时代，疆界北起多瑙河流域，南到安布拉基亚湾，西起亚得里亚海，东达现在南斯拉夫的沙尔山。1—17。

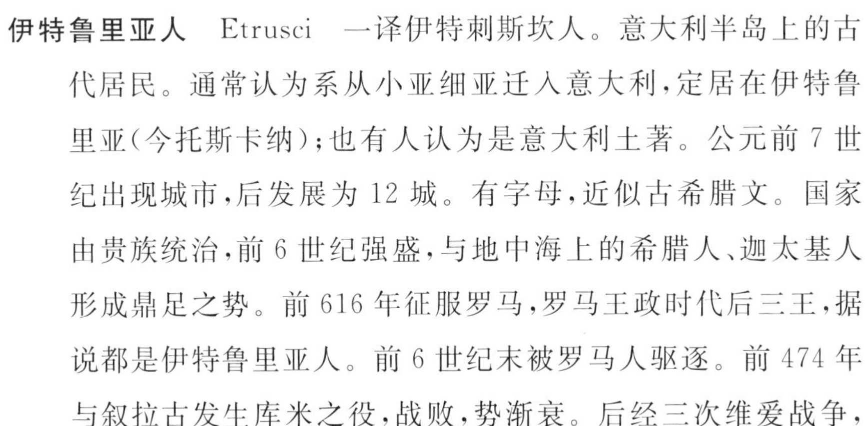

伊特鲁里亚人　Etrusci　一译伊特剌斯坎人。意大利半岛上的古代居民。通常认为系从小亚细亚迁入意大利，定居在伊特鲁里亚(今托斯卡纳)；也有人认为是意大利土著。公元前 7 世纪出现城市，后发展为 12 城。有字母，近似古希腊文。国家由贵族统治，前 6 世纪强盛，与地中海上的希腊人、迦太基人形成鼎足之势。前 616 年征服罗马，罗马王政时代后三王，据说都是伊特鲁里亚人。前 6 世纪末被罗马人驱逐。前 474 年与叙拉古发生库米之役，战败，势渐衰。后经三次维爱战争，前 3 世纪初终败于罗马，其领土并入罗马共和国。伊特鲁里亚人的宗教及文物制度对罗马有一定影响。中译本序。

意大利 Италия；Italy 在古罗马指北起亚平宁山脉，南至“长靴子头”的意大利半岛。公元前 42 年又加上山南高卢。3 世纪末意大利包括西西里、科西嘉和撒丁诸岛以及北面的雷提亚和潘诺尼亚的一部分。半岛上最初的强大民族是伊特鲁里亚人。后来罗马人逐步把意大利各族人民统一成一个国家。到前 90 年，意大利全境的居民都变成了罗马公民。罗马皇帝奥古斯都把意大利分成 11 个行政区，直到 3 世纪末这种区划几乎没有变动。中译本序；英译本序；1—6(注)。

印度 Индия；India 南亚大国。面积居世界第七，人口居世界第二，文化传统居世界最深厚和最古老之列。公元前 1500～前 1200 年雅利安人侵入，在恒河谷地建立城市。前 6 世纪出现佛教和耆那教。前 321 年形成第一个印度帝国(孔雀王朝)。1000 年穆斯林开始入侵。1526 年建立莫卧儿帝国，范围包括今印度的大部分地区。1757 年英国人征服莫卧儿帝国。1857 年发生反英起义。1947 年独立，划分为印度和巴基斯坦两个国家。1—28；3—24、3—32。

攸克辛海 Понтийское море；Pontos Euxeinos 黑海之古希腊名称，意为好客之海。5—1。

Z

朱庇特 Юпитер；Jupiter 古罗马和意大利的主神，相当于希腊的宙斯。是天空的主宰。人们奉他的名起誓、缔约并结盟。

在维吉尔的叙事诗《埃涅阿斯记》里，朱庇特在很多方面带上了希腊神灵的特点，但依然护佑英雄人物对神、对国、对家的天职。到专制时代末期，迦必太山上建起神庙，其基址至今仍依稀可辨。出征凯旋的军队要通过此庙门前。整个罗马共和时期，朱庇特庙都是罗马崇拜的中心。奥古斯都尊奉阿波罗和马尔斯两神，朱庇特的地位遭到挑战，但奥古斯都并未贸然全盘废弃朱庇特。朱庇特被尊为皇帝的保护神，对他的崇拜遍及罗马整个帝国。1—17。

朱古达 Югурта;Jugurtha （约前160～前104年）努米底亚国王（前118～前105年在位）。马西尼萨的非婚生孙。前120年被米西普萨（马西尼萨的继承人）收为养子。前118年米西普萨去世，朱古达与先王的两个儿子亨普萨尔和阿宰尔巴勒共掌朝纲。亨普萨尔为朱古达所杀；阿宰尔巴勒遭袭击，逃往罗马寻找援助。后罗马元老院批准将努米底亚一分之二：西半部归朱古达，东半部归阿宰尔巴勒。前112年朱古达再度进攻阿宰尔巴勒，占领其首府瑟塔。由于杀了一批经商的意大利人和罗马人，在罗马引起公愤，元老院对其宣战。罗马派往非洲作战的将领，一再为朱古达收买，作战不力，屡屡败北。前107年马略当选执政官，次年偕部将苏拉进军非洲。前105年罗马人终于赢得战争。朱古达被俘，死于罗马。努米底亚被分割，从此更加依附罗马。3—24。

后　记

初版《兵法简述》是配有插图的，计 47 幅，但没有地图；就兵书而言，这不能不说是一宗缺憾。这次再版便添加了一幅罗马帝国鼎盛时期的疆域图，以使读者对古代罗马的地域范围有一个清晰而形象的概念。我把这幅图中向地中海伸展出去的亚平宁半岛（意大利），尤其是罗马城圈示了起来。古代罗马最初只是建立在半岛中部台伯河沿岸几座小丘[①]之上的一些村落的连体。从图上看，那只是弹丸之地，一个点而已。不过，早在近 4000 年前就有人在那里居住；公元前一千纪，有几个部落开始定居下来；到前 8～前 6 世纪形成了政治上统一的王权城市；而后数百年，罗马人逐渐征服半岛，势力扩展到整个地中海地区，版图向东南西北延拓开去。正如作者所称，“正是罗马人从原本很小的地盘上扩展成为一个大帝国，其疆域几乎达到太阳升起的地方，达到世界的尽头”。[②]这段话的前一句合乎史实，后半句则犯下了地理性、知识性的错误，当然也有观念上的问题。傲慢的罗马人受到当时那种难以抗拒的统治权欲和皇帝们真真假假的温和态度所眩惑，竟然会对那

① 这样的山丘一共有 7 座，它们是：阿文蒂尼、卡埃利安、卡皮托利尼、埃斯奎利尼、帕拉蒂尼、奎里纳尔和维米纳尔。

② 见本书卷一第八节，第 57 页。

些……遥远的独立的国家采取不屑一顾的态度，有时甚至将它们完全忘记了；他们还随随便便地把罗马帝国和整个地球混为一谈。著名的英国历史学家爱德华·吉本就曾指责过古代人的这种虚荣心和愚昧，并要求用更为清醒、更为准确的语言来说明罗马的伟大。他认为，可以这样说，“罗马帝国，从安东尼边墙和北部边界达西亚到阿特拉斯山和北回归线的宽度超过 2000 英里，而从西海洋到幼发拉底河的长度，则更超过 3000 英里；它位于温带中北纬 24°到 56°之间最美好的地区；面积估计不少于 160 万平方英里的土地，其中大部分都是肥沃的熟地”。这便是吉本对罗马帝国疆域范围的说明。地图所反映的罗马帝国的版图是正确的。从图上看，吉本所称的安东尼边墙便是阿德里安长城；北部边界很清晰：沿莱茵河、多瑙河、达西亚、黑海南岸到亚美尼亚；南部的阿特拉斯山脉是非洲西北部的庞大山系。由西向东绵延达 2000 余公里，就在地图所示的毛里塔尼亚和努米迪亚一带，即今北非之摩洛哥、阿尔及利亚、突尼斯等国境内。罗马帝国由北而南的跨度达到 3200 公里以上；东西的长度更超过 4800 公里：从西海洋，也就是地图所示的西班牙、高卢（今之法国、比利时）等大西洋沿岸地区，外加英格兰直到底格里斯河和幼发拉底河之间的两河平原美索不达米亚。这一大片 270 万平方公里的富饶美丽的土地都在当年罗马帝国的版图之内。

这幅图拉真时代罗马帝国的疆域图选自英国韦尔斯著、吴文藻等译，商务印书馆 1982 年出版的《世界史纲（生物和人类的简明史）》一书，特作说明，并向该书作、译者及出版者致谢。

关于这部韦氏兵法的书名问题，再顺便说几句。我接触这部著作始于《苏联军事百科全书》的人物志卷的韦格蒂乌斯条。在这个条目的正文中撰稿人所用的这部著作的书名是《О военном деле》，当年南京军区司令部编研室的詹迎建等同志将其汉译为《论军事》。按《苏军百科》的体例，凡人物，若有著作，则在条尾应列出其名称、出版时间、出版地点等相关资料。该条目所列出的著作是：《韦格蒂乌斯的军事法则》（译自法文），圣彼得堡，1764 年版；《军事简述》，载《古代史通报》1940 年第 1 期。这样的表述，乍一看很容易使人误以为韦格蒂乌斯曾写过三部著作，其实这是同一部书的三个不同的书名。这部著作的原文为拉丁文，据我所知拉丁文的书名有两个：一个是 De re Militaris，相应的汉译便是《论军事》，一些西方国家出版的书刊，用这个书名的较多见，估计受法译本的影响所致。另一个是 Epitome rei Militaris。我是在苏联《古代史通报》1940 年第 1 期上的文前插页见到这个书名的，它和俄译名 Краткое изложение военного дела 上下并列。Epitome 的意思是摘要、概述，俄译成 Краткое изложение 是确切的。我认同 Epitome rei Militaris，并最后决定依其择取汉译书名的理由是：作者在书中曾多次提及“简述”这一层意思，可以说是他的心愿吧。这一方面表现出作者的谦逊，他反复说明自己出身卑下，是不能同那些高贵的大人物，如加图、塞尔苏斯、弗龙蒂努斯、帕泰恩等人相提并论的；他只是将他们的观点、看法、意思简要地加以复述而已；同时这似乎也是上峰所要求于他的。他在卷三的导言里不就吐露过嘛，“战无不胜的皇帝陛下，您命令我这个小人物将散见于诸多的著作家的众多的书卷中的内容尽可能言简意赅地叙述出来”。因为“细读浩瀚的卷帙令人厌倦；浏览片言只语又恐陷于一知半

解,得不出完整的理念”。

我曾有过一个想法:尽可能多找几本西方古时的兵书,将它们陆续翻译出来。那时,我就想把这本书定名为《韦氏兵法》,以呼应于随后可能接续出现的《马氏兵法》(马基雅维利)、《伪莫里氏兵法》(伪莫里斯),甚至《萨氏兵法》(萨克斯)等。仔细想来,觉得真要这样做起来,主客观方面都存在不少困难,还是先不考虑系列,能翻一本就算一本吧。当我确认要把作者的原意同样反映到汉译本的书名中来时,我最初的想法是将其译为《兵经要略》,我觉得它既有时代感,也符合作者的原意。我探询过几位同志的看法,都觉得这书名太古化、太国化了。经过一段时间的犹豫,最终还是割爱了。那么,究竟取《军事简述》还是《兵法简述》呢,我还是认为后者更妥当些。理由也就是刘聪同志在为若米尼的经典名著的书名从《战争艺术概论》改为《兵法概论》时所提到的两个方面的考虑,即从时代背景考虑;从中外文等值翻译的角度考虑。韦格蒂乌斯毕竟是罗马帝国时期的人物,他的活动期在公元 4 世纪末到 5 世纪初,大致相当于我国魏晋南北朝的东晋时期(公元 371～420 年)。

同一部书有两个甚至多个书名,倒也是时有所见的。无独有偶,近一段时间在翻看有关马基雅维利的一些资料时,竟然发现他的那部七卷本的《兵法》的书名同韦氏的这部《兵法简述》如出一辙。马氏一生著述颇丰,涉及面甚广,有政治类(《君主论》)、历史类(《李维史论》、《佛罗伦萨史》)、军事类(《兵法》),甚至喜剧剧本(《曼陀罗华》),还有许多诗歌、文章、戏剧以及大量出使各国的报告和通讯等等。在诸多著作中唯有这部《兵法》是在他生前面世的。此书写于 1519～1520 年,作者起初所定的书名便是《De re militari》,但在1521年8月16日初版之后,这部著作便更名为《Arte della guerra》了。马氏死于1527年,这书的易名是作者生前的事,也应该是他本人所为的。

至于英译本将韦氏的这部兵法冠以《The Miritary Institutions of the Romans》(《罗马兵制》)的书名,那是译者约翰·克拉克中尉或者英译本编者个人的或者经过多方商议而酌定的,这在译作圈内倒也是常有的事。

袁 坚

二〇〇三年九月于苏州

图书在版编目(CIP)数据

兵法简述/(古罗马)韦格蒂乌斯著;袁坚译. —北京:商务印书馆,2017
(汉译世界学术名著丛书:120年纪念版:珍藏本)
ISBN 978-7-100-14584-8

Ⅰ. ①兵… Ⅱ. ①韦… ②袁… Ⅲ. ①兵法—古罗马 Ⅳ. ①E895.46

中国版本图书馆CIP数据核字(2017)第152417号

汉译世界学术名著丛书
(120年纪念版·珍藏本)
兵法简述
〔古罗马〕韦格蒂乌斯 著
袁坚 译

商务印书馆出版
(北京王府井大街36号 邮政编码100710)
商务印书馆发行
北京新华印刷有限公司印刷
ISBN 978-7-100-14584-8

2017年12月第1版　　开本 710×1000 1/16
2017年12月北京第1次印刷　　印张 16¾
定价:85.00元